The Japan Accounting and Financial Analysis Examination

ビジネス会計検定試験®

公式過去問題集

第5版

3級

大阪商工会議所［編］

中央経済社

ビジネス会計検定試験®は，大阪商工会議所の登録商標です。以下，本書では®マークを省略します。

本書に記載されている解答および解説は，「ビジネス会計検定試験公式テキスト3級〔第4版〕」（大阪商工会議所編）にもとづいて作成されています。

ま　え　が　き

　近年，損益計算書や貸借対照表などの財務諸表を理解できる能力（会計リテラシー）の重要性が高まっています。企業活動がグローバル化，複雑化，多様化するなかで，ビジネスパーソンとして自社や取引先などの経営実態を正しくタイムリーに把握することが必要不可欠になってきたためです。

　また一般の方々も新聞の経済記事を読まれる場合や株式投資を始めようとする場合など，さまざまな場面で会計の知識が必要となっています。

　大阪商工会議所では，こうした時代の要請に応えて，実社会で役に立つ財務諸表に関する知識や分析力を問う「ビジネス会計検定試験」を2007年（平成19年）から全国で実施しています。

　ビジネス会計検定試験は，財務諸表を作成するという立場ではなく，できあがった財務諸表を情報として理解し，ビジネスで役立てていくことに重点を置いています。

　3級は初学者が会計の用語，財務諸表の構造・読み方など財務諸表を理解するための力を身につけることを目的としています。財務諸表で重要とされる貸借対照表，損益計算書，キャッシュ・フロー計算書を学習することで，企業の財政状態，経営成績，資金の状況が理解できるようになります。

　3級過去問題集［第4版］は2019年4月に発行し，第22回までの問題を収録しておりますが，このたび，第23回から第28回の問題を中心に収録しなおし，発行することにいたしました。

　本問題集では，これまでの主要な3級試験問題を公式テキストの章（テーマ）に沿って収録しています。解説のなかでテキストでの関連箇所を表示するなど，受験者にとって「わかりやすい」工夫をしています。反復して問題を解き，テキストで確認し，知識を確実なものにしていただきたいと思います。

　また，受験者からの「（解答時間を測定するために）1回分の試験問題を掲載してほしい」というニーズにお応えして，第24回・第28回の試験問題については全問題を試験出題形式で掲載していますので，検定試験直前対策としてご活用ください。

　公式テキストや本問題集によるビジネス会計検定試験の学習を通じて，一人でも多くの方が会計や財務分析に関心をもち，ビジネスの場はもとより，日常生活のなかで会計情報を活用していただくことを願っています。

2021年9月

大阪商工会議所

i

本書の利用方法

　第27回検定試験までの主要な問題を公式テキスト3級〔第4版〕（編：大阪商工会議所，発行：株式会社中央経済社）の項目順に掲載し，第24回，第28回検定試験は試験出題形式のまま収録しています（一部改題あり）。

　各問題とも公式テキストの参照箇所を記載。また，おおよその難易度を★印の数で示しています。公式テキストで身につけた知識を，試験に向けて確認することができます。

　なお，一部の試験問題については，会計基準の改正などにあわせて出題事項を改題しています。また，金額単位については，解答上，特に留意が必要な問題を除き，省略しています。

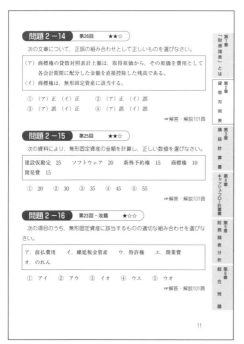

問題
代表的な問題を掲載しています。

解答・解説
解答・解説は本書の99～132頁にまとめて掲載しています。

難易度
第1章から第5章の問題について，おおよその難易度を★印の数で示しています。

★☆☆ → 易しい
★★☆ → 標準
★★★ → 難しい

目　　次

まえがき
本書の利用方法

第1章 「財務諸表」とは ……………………………… 1

1　財務諸表の利用　1
2　財務諸表の体系　2

第2章 貸借対照表 ……………………………………… 5

1　貸借対照表のしくみ　5
2　資産とは　7
3　負債とは　13
4　純資産とは　16
5　貸借対照表全般　18

第3章 損益計算書 ……………………………………… 19

1　損益計算書のしくみ　19
2　損益計算書のルール　20
3　売上総利益とは　21
4　営業利益とは　22
5　経常利益とは　23
6　税引前当期純利益とは　25

7 当期純利益とは 26

8 損益計算書全般 28

第4章 キャッシュ・フロー計算書 …………………… 31

1 キャッシュ・フロー計算書とは 31

2 キャッシュ・フロー計算書と貸借対照表・損益計算書との関係 32

3 キャッシュ・フロー計算書の読み方 33

第5章 財務諸表分析 ……………………………………… 37

1 財務諸表分析の対象情報 37

2 百分比財務諸表分析 38

3 成長性および伸び率の分析 39

4 安全性の分析 41

5 収益性の分析 43

6 1株当たり分析 45

7 1人当たり分析 46

8 財務諸表全般分析 46

第6章 総合問題 ………………………………………… 51

解答・解説 99

◇ビジネス会計検定試験　第24回3級［問題］　133

第28回3級［問題］　157

◇ビジネス会計検定試験　第24回 3 級【解答・解説】　181

　　　　　　　　　　　　第28回 3 級【解答・解説】　188

◇ 3 級で対象となる主要指標　197
◇ビジネス会計検定試験のご案内　199
◇ビジネス会計検定試験　検定委員会　203

第1章

「財務諸表」とは

1 財務諸表の利用

問題 1 − 1　第25回　★☆☆

次の文章の空欄に選択肢の語句を当てはめて文章を完成させた場合，使用しないものを選びなさい。

（　　　）や（　　　）などのさまざまなステークホルダーに対して，企業が財務諸表などによって情報を（　　　）することを（　　　）という。

① 開示　② ディスクロージャー　③ 債権者

④ 株主　⑤ 意思決定

☞解答・解説99頁

2　財務諸表の体系

問題1−2　第26回　★★☆

金融商品取引法に関する次の文章について，正誤の組み合わせとして正しいものを選びなさい。

（ア）事業を行うすべての会社に適用される。
（イ）主に投資者の保護を目的としている。

① （ア）正　（イ）正　　　② （ア）正　（イ）誤
③ （ア）誤　（イ）正　　　④ （ア）誤　（イ）誤

☞解答・解説99頁

問題1−3　第23回　★★☆

次の項目のうち，金融商品取引法上の財務諸表に含まれるものの個数を選びなさい。

キャッシュ・フロー計算書　　損益計算書　　個別注記表
株主資本等変動計算書　　附属明細表　　貸借対照表

① 1つ　② 2つ　③ 3つ　④ 4つ　⑤ 5つ

☞解答・解説99頁

問題1−4　第27回　★☆☆

次の文章について，正誤の組み合わせとして正しいものを選びなさい。

（ア）企業の情報を開示することを，ディスクロージャーという。
（イ）会社法は，主に投資者の保護を目的としている。

① （ア）正　（イ）正　　　② （ア）正　（イ）誤

2

③ （ア）誤　（イ）正　　　④ （ア）誤　（イ）誤

☞解答・解説99頁

問題1-5　第26回　★☆☆

次の項目のうち，会社法上の計算書類に含まれるものの個数を選びなさい。

個別注記表　　株主資本等変動計算書　　損益計算書　　附属明細表
キャッシュ・フロー計算書

① 1つ　　② 2つ　　③ 3つ　　④ 4つ　　⑤ 5つ

☞解答・解説99頁

問題1-6　第22回　★★☆

次の文章について，【問1】と【問2】の設問に答えなさい。

（　ア　）は主に（　　　）の保護を目的としており，(a)計算書類の公開を義務づけている。また，（　　　）は主に（　イ　）の保護を目的としており，(b)財務諸表の公開を義務づけている。

【問1】　文章の空欄（　ア　）と（　イ　）に当てはまる語句の適切な組み合わせを選びなさい。
① （ア）会社法　　　　　　（イ）投資者
② （ア）会社法　　　　　　（イ）株主・債権者
③ （ア）金融商品取引法　　（イ）投資者
④ （ア）金融商品取引法　　（イ）株主・債権者

【問2】　次の書類のうち，下線部(a)と(b)のどちらにも含まれるものの個数を選びなさい。

ア．キャッシュ・フロー計算書　　イ．損益計算書　　ウ．個別注記表
エ．株主資本等変動計算書　　　　オ．附属明細表

① 1つ ② 2つ ③ 3つ ④ 4つ ⑤ 5つ

☞解答・解説99頁

第2章 貸借対照表

1 貸借対照表のしくみ

問題2−1　第23回　★★☆

次の文章について，正誤の組み合わせとして正しいものを選びなさい。

（ア）貸借対照表は，ある一定期間における企業の経営成績を表示したものである。

（イ）勘定式の貸借対照表では，左側に資金の調達源泉が，右側にその資金の運用形態が示されている。

① （ア）正　（イ）正　　② （ア）正　（イ）誤

③ （ア）誤　（イ）正　　④ （ア）誤　（イ）誤

☞解答・解説100頁

問題2-2　第27回　★☆☆

次の文章のうち，正しいものの適切な組み合わせを選びなさい。

ア．貸借対照表は，一定期間の経営成績を示している。

イ．貸借対照表の様式には，勘定式と報告式の2種類がある。

ウ．勘定式の貸借対照表の左側には，資金の調達源泉である負債と純資産が表示される。

エ．負債は，他人資本とも呼ばれる。

①　アイ　　②　アウ　　③　イウ　　④　イエ　　⑤　ウエ

☞解答・解説100頁

問題2-3　第23回　★☆☆

次の文章について，正誤の組み合わせとして正しいものを選びなさい。

（ア）貸借対照表の項目を流動性の低いものから順に配列する方法を，流動性配列法という。

（イ）貸借対照表において，貸付金と借入金を相殺して表示することは認められていない。

①　（ア）正　（イ）正　　　②　（ア）正　（イ）誤

③　（ア）誤　（イ）正　　　④　（ア）誤　（イ）誤

☞解答・解説100頁

6

問題2-4 第26回 ★☆☆

次の文章について，正誤の組み合わせとして正しいものを選びなさい。

（ア）正常営業循環基準で流動資産に分類されなかった資産は，固定資産に
分類される。

（イ）貸借対照表において，その項目の性質や金額について重要性が乏しい
場合は，簡潔に示すことが認められている。

① （ア）正 （イ）正　　② （ア）正 （イ）誤
③ （ア）誤 （イ）正　　④ （ア）誤 （イ）誤

☞解答・解説100頁

2 資産とは

問題2-5 第26回 ★★★

取得原価に関する次の文章のうち，正しいものの個数を選びなさい。

ア．客観性に欠ける未実現利益が計上される可能性がある。

イ．資産の最新の価格を反映できる。

ウ．客観的で信頼性が高い。

エ．金融資産の原則的評価基準である。

オ．資産の購入価額から付随費用を控除した金額である。

① 1つ　② 2つ　③ 3つ　④ 4つ　⑤ 5つ

☞解答・解説100頁

7

問題2−6　第22回　★★☆

次の文章について，正誤の組み合わせとして正しいものを選びなさい。

（ア）貸借対照表において，資産，負債および純資産は，原則として総額で
表示される。

（イ）金融資産は，原則として取得原価で評価する。

①　（ア）正　（イ）正　　②　（ア）正　（イ）誤

③　（ア）誤　（イ）正　　④　（ア）誤　（イ）誤

☞解答・解説100頁

問題2−7　第20回　★☆☆

次の項目のうち，流動資産に該当するものの適切な組み合わせを選びなさい。

ア．前払費用　　イ．未収収益　　ウ．工具器具備品　　エ．前渡金

オ．預り金

①　アイウ　　②　アイエ　　③　アウオ　　④　イエオ　　⑤　ウエオ

☞解答・解説100頁

問題2−8　第23回　★★☆

次の文章について，正誤の組み合わせとして正しいものを選びなさい。

（ア）受取手形や売掛金などの債権が回収不能になることを，貸倒れという。

（イ）貸倒引当金は，貸借対照表において負債の区分に表示される。

①　（ア）正　（イ）正　　②　（ア）正　（イ）誤

③　（ア）誤　（イ）正　　④　（ア）誤　（イ）誤

☞解答・解説100頁

問題2-9 第25回 ★★☆

次の各説明文に該当する項目の組み合わせとして正しいものを選びなさい。

ア．土地や有価証券の売却など，会社の主たる営業活動以外の取引から生じた未収額

イ．商品・原材料などの購入代金を先払いしたときの金額

ウ．金銭の貸付けや不動産の賃貸で，一定の契約に従って継続してサービスの提供を行う場合に，すでに提供したサービスに対して，いまだその対価の支払いを受けていない額

① ア．売掛金　　イ．前渡金　　ウ．未収収益

② ア．売掛金　　イ．前払費用　ウ．売掛金

③ ア．未収入金　イ．前渡金　　ウ．売掛金

④ ア．未収入金　イ．前渡金　　ウ．未収収益

⑤ ア．未収入金　イ．前払費用　ウ．未収収益

☞解答・解説100頁

問題2-10 第25回 ★★☆

次の文章について，正誤の組み合わせとして正しいものを選びなさい。

（ア）時価の変動により利益を得ることを目的として保有する有価証券は，投資その他の資産に記載される。

（イ）関係会社株式は，純資産の部に記載される。

① （ア）正　（イ）正　　② （ア）正　（イ）誤

③ （ア）誤　（イ）正　　④ （ア）誤　（イ）誤

☞解答・解説100頁

問題 2 −11   第26回   ★★☆

次の項目のうち，有形固定資産に該当するものの個数を選びなさい。

投資有価証券	建設仮勘定	仕掛品	土地	ソフトウェア

① 1つ   ② 2つ   ③ 3つ   ④ 4つ   ⑤ 5つ

☞解答・解説101頁

問題 2 −12   第21回   ★☆☆

次の文章について，正誤の組み合わせとして正しいものを選びなさい。

（ア）有形固定資産の取得原価を，利用期間にわたって計画的・規則的に費用
として各期間に配分することを，減価償却という。
（イ）有形固定資産には，減価償却の対象とならない資産も含まれる。

① （ア）正 （イ）正   ② （ア）正 （イ）誤
③ （ア）誤 （イ）正   ④ （ア）誤 （イ）誤

☞解答・解説101頁

問題 2 −13   第26回   ★★☆

次の文章について，正誤の組み合わせとして正しいものを選びなさい。

（ア）土地，建物，車両運搬具は，減価償却を行う。
（イ）定率法を用いると，毎期の減価償却費は一定となる。

① （ア）正 （イ）正   ② （ア）正 （イ）誤
③ （ア）誤 （イ）正   ④ （ア）誤 （イ）誤

☞解答・解説101頁

問題2-14 第26回 ★★☆

次の文章について，正誤の組み合わせとして正しいものを選びなさい。

（ア）商標権の貸借対照表計上額は，取得原価から，その原価を費用として
　　各会計期間に配分した金額を直接控除した残高である。
（イ）商標権は，無形固定資産に該当する。

① （ア）正　（イ）正　　　② （ア）正　（イ）誤

③ （ア）誤　（イ）正　　　④ （ア）誤　（イ）誤

☞解答・解説101頁

問題2-15 第25回 ★★☆

次の資料により，無形固定資産の金額を計算し，正しい数値を選びなさい。

建設仮勘定　25　　ソフトウェア　20　　新株予約権　15　　商標権　10
開発費　15

① 20　　② 30　　③ 35　　④ 45　　⑤ 55

☞解答・解説101頁

問題2-16 第23回・改題 ★☆☆

次の項目のうち，無形固定資産に該当するものの適切な組み合わせを選びな
さい。

ア．前払費用　　イ．繰延税金資産　　ウ．特許権　　エ．開業費
オ．のれん

① アイ　　② アウ　　③ イオ　　④ ウエ　　⑤ ウオ

☞解答・解説101頁

問題 2 −17　　第27回　　★★☆

次の文章について，正誤の組み合わせとして正しいものを選びなさい。

（ア）決算日の翌日から起算して１年以内に期限が到来する貸付金は，投資その他の資産に表示される。

（イ）投資有価証券には，売買目的有価証券は含まれない。

① （ア）正 （イ）正　　　② （ア）正 （イ）誤
③ （ア）誤 （イ）正　　　④ （ア）誤 （イ）誤

☞解答・解説101頁

問題 2 −18　　第25回・改題　　★★☆

次の項目のうち，投資その他の資産に該当するものの個数を選びなさい。

土地	長期前払費用	繰延税金資産	創立費	長期貸付金

① 　1つ　　② 　2つ　　③ 　3つ　　④ 　4つ　　⑤ 　5つ

☞解答・解説101頁

問題 2 −19　　第25回　　★★☆

次の文章について，正誤の組み合わせとして正しいものを選びなさい。

（ア）のれんは，他社から営業を譲り受けた際に，相手方に対して対価として支払われた金額が受け入れた純資産の額を下回る額である。

（イ）開発費は，新技術・新経営組織の採用，資源の開発や市場の開拓のために特別に支出した費用のことである。

① （ア）正 （イ）正　　　② （ア）正 （イ）誤
③ （ア）誤 （イ）正　　　④ （ア）誤 （イ）誤

☞解答・解説101頁

12

問題 2－20 第26回 ★★☆

次の文章について，正誤の組み合わせとして正しいものを選びなさい。

（ア）会社を設立するために要した費用は，繰延資産に計上することができる。

（イ）貸借対照表において，繰延資産は，投資その他の資産に記載される。

① （ア）正 （イ）正 ② （ア）正 （イ）誤
③ （ア）誤 （イ）正 ④ （ア）誤 （イ）誤

☞解答・解説101頁

3 負債とは

問題 2－21 第21回 ★★☆

次の文章について，正誤の組み合わせとして正しいものを選びなさい。

（ア）有価証券の購入の際に生じた未払額は，買掛金に含まれる。

（イ）商品を提供していない時点で前もって受け取った代金は，売掛金に含まれる。

① （ア）正 （イ）正 ② （ア）正 （イ）誤
③ （ア）誤 （イ）正 ④ （ア）誤 （イ）誤

☞解答・解説102頁

13

問題 2 −22　　第20回　　★★★

次の資料により，流動負債に該当する項目の合計額を計算し，正しい数値を選びなさい。

支払手形　60	長期借入金　40	未払法人税等　15	未収入金　30
貸倒引当金　5	前受収益　10		

① 　75　　② 　85　　③ 　90　　④ 　100　　⑤ 　115

☞解答・解説102頁

問題 2 −23　　第26回　　★★☆

次の項目のうち，流動負債に該当するものの適切な組み合わせを選びなさい。

ア．前渡金	イ．未払費用	ウ．預り金	エ．繰延税金負債
オ．電子記録債務			

① 　アイエ　　② 　アウオ　　③ 　アエオ　　④ 　イウエ　　⑤ 　イウオ

☞解答・解説102頁

問題 2 −24　　第23回・改題　　★☆☆

次の項目のうち，流動負債に該当するものの適切な組み合わせを選びなさい。

ア．前受金	イ．未払金	ウ．未収入金	エ．買掛金
オ．前払費用			

① 　アイエ　　② 　アイオ　　③ 　アウオ　　④ 　イウエ　　⑤ 　イウオ

☞解答・解説102頁

問題 2-25　第20回　★★☆

次の文章について、正誤の組み合わせとして正しいものを選びなさい。

(ア) 正常営業循環基準で流動負債に分類されなかった負債は、すべて固定負債に分類される。
(イ) 長期前払費用は、固定負債に含まれる。

① (ア) 正　(イ) 正　　② (ア) 正　(イ) 誤
③ (ア) 誤　(イ) 正　　④ (ア) 誤　(イ) 誤

☞解答・解説102頁

問題 2-26　第27回　★★☆

次の項目のうち、固定負債に該当するものの適切な組み合わせを選びなさい。

ア．法人税、住民税及び事業税の未払額
イ．決算日の翌日から起算して2年後に満期日が到来する他社が発行した社債
ウ．税効果会計の適用により生じる繰延税金負債
エ．決算日の翌日から起算して3年後に返済期日が到来する借入金

① アイ　② アエ　③ イウ　④ イエ　⑤ ウエ

☞解答・解説102頁

4 純資産とは

問題 2 −27　第27回　★★☆

次の文章について，正誤の組み合わせとして正しいものを選びなさい。

（ア）株主資本には，払込資本は含まれるが，留保利益は含まれない。

（イ）株主からの出資額のうち２分の１を超えない額は，資本準備金とすることができる。

① （ア）正 （イ）正　　② （ア）正 （イ）誤
③ （ア）誤 （イ）正　　④ （ア）誤 （イ）誤

☞解答・解説102頁

問題 2 −28　第25回　★☆☆

次の文章の空欄（　ア　）と（　イ　）に当てはまる語句の適切な組み合わせを選びなさい。

株式会社が発行済みの自社株式を買い戻して保有している場合，その株式を（　ア　）といい，貸借対照表において（　イ　）の１項目として記載される。

① （ア）自己株式　　　（イ）株主資本
② （ア）自己株式　　　（イ）固定資産
③ （ア）関連会社株式　（イ）株主資本
④ （ア）関連会社株式　（イ）固定資産

☞解答・解説102頁

問題2-29　第22回　★★☆

次の資料により，株主資本の金額を計算し，正しい数値を選びなさい。△は
マイナスを意味する。

関係会社株式　20	利益剰余金　500	新株予約権　10	資本金　300
資本剰余金　400	自己株式　△50	その他有価証券評価差額金　30	

① 1,150　② 1,180　③ 1,190　④ 1,210　⑤ 1,240

☞解答・解説102頁

問題2-30　第27回　★★★

次の文章について，正誤の組み合わせとして正しいものを選びなさい。

（ア）純資産の部の利益準備金は，配当額の10分の1を資本準備金の額とあわせて資本金の2分の1に達するまで積み立てたものである。
（イ）その他有価証券評価差額金は，その他有価証券を時価評価した際の帳簿価額との差額であり，損益計算書に評価差額を計上すると同時に貸借対照表に計上されたものである。

① （ア）正　（イ）正　　② （ア）正　（イ）誤
③ （ア）誤　（イ）正　　④ （ア）誤　（イ）誤

☞解答・解説102頁

問題2-31　第23回　★★☆

次の文章について，正誤の組み合わせとして正しいものを選びなさい。

（ア）その他有価証券を時価評価した際に生じる簿価との評価差額は，株主資本の区分に表示される。
（イ）新株予約権は，株主資本の区分に表示される。

① （ア）正　（イ）正　　② （ア）正　（イ）誤

③ （ア）誤（イ）正　　　④ （ア）誤（イ）誤

☞解答・解説103頁

5　貸借対照表全般

問題2－32　第12回　★★☆

次の〈資料〉により,【問1】から【問4】の空欄（　ア　）から（　エ　）に該当する数値を選びなさい。△はマイナスを意味する。

〈資料〉　　　　　　　　　　　　　　　　　　　　　　　　（単位：百万円）

受取手形 350	売掛金 250	買掛金 150	土地 200
建物 450	現金及び預金 200	資本金 650	支払手形 250
売買目的有価証券 150	新株予約権 50	前払費用 50	
建設仮勘定 150	投資有価証券 350	長期貸付金 20	
退職給付引当金 150	社債 350	その他有価証券評価差額金 30	
自己株式 △120	長期借入金 250	預り金 20	商品 350
前受金 50	利益剰余金 300	機械装置 300	のれん 30
車両運搬具 150	短期借入金 120	資本剰余金 750	

【問1】　流動資産の区分に記載される項目の合計額は（　ア　）百万円である。

　①　1,200　　②　1,320　　③　1,350　　④　1,400　　⑤　1,420

【問2】　有形固定資産の区分に記載される項目の合計額は（　イ　）百万円である。

　①　1,100　　②　1,220　　③　1,250　　④　1,450　　⑤　1,600

【問3】　固定負債の区分に記載される項目の合計額は（　ウ　）百万円である。

　①　720　　②　750　　③　770　　④　800　　⑤　820

【問4】　株主資本の区分に記載される項目の合計額は（　エ　）百万円である。

　①　1,580　　②　1,630　　③　1,660　　④　1,700　　⑤　1,820

☞解答・解説103頁

第3章 損益計算書

1 損益計算書のしくみ

問題3-1　第21回　★☆☆

次の文章について，正誤の組み合わせとして正しいものを選びなさい。

（ア）損益計算書において本業のもうけを示しているのは，経常利益である。

（イ）営業活動で損失が出ていても，損益計算書において当期純利益が計上されることもある。

① （ア）正　（イ）正　　② （ア）正　（イ）誤
③ （ア）誤　（イ）正　　④ （ア）誤　（イ）誤

☞解答・解説104頁

問題3-2　第27回　★★☆

次の文章について，正誤の組み合わせとして正しいものを選びなさい。

（ア）損益計算書は，利益をその性質によって区分表示し，利益獲得のプロセスを明らかにしている。

（イ）損益計算書には，収益とそれに対応する費用をそれぞれ純額で記載する。

① （ア）正　（イ）正　　　② （ア）正　（イ）誤

19

③　（ア）誤　（イ）正　　　④　（ア）誤　（イ）誤

☞解答・解説104頁

2　損益計算書のルール

問題3－3　第27回　★☆☆

次の文章の空欄のうち，（　ア　）と（　イ　）に当てはまる語句の適切な組み合わせを選びなさい。

費用収益対応の原則により，（　　　）にもとづく収益に（　ア　）にもとづく費用を対応させて，当期の利益が計算される。

収益と費用の対応には（　　　）と（　イ　）があるが，売上高と販売費及び一般管理費の対応は（　イ　）にあたる。

①　（ア）実現主義　（イ）個別的対応

②　（ア）実現主義　（イ）期間的対応

③　（ア）発生主義　（イ）個別的対応

④　（ア）発生主義　（イ）期間的対応

☞解答・解説104頁

問題3－4　第23回　★★☆

次の文章について，正誤の組み合わせとして正しいものを選びなさい。

（ア）費用は，実現主義により計上される。

（イ）収益と費用の対応には，個別的対応と期間的対応があるが，売上高と売上原価の対応は個別的対応にあたる。

①　（ア）正　（イ）正　　　②　（ア）正　（イ）誤

③　（ア）誤　（イ）正　　　④　（ア）誤　（イ）誤

☞解答・解説104頁

20

3 売上総利益とは

問題3−5 第21回 ★☆☆

次の文章について,正誤の組み合わせとして正しいものを選びなさい。

（ア）商業における売上原価は,商品期首棚卸高と当期商品仕入高の合計額から商品期末棚卸高を控除した金額である。
（イ）売上総利益は,粗利益とも呼ばれる。

① （ア）正 （イ）正　　② （ア）正 （イ）誤
③ （ア）誤 （イ）正　　④ （ア）誤 （イ）誤

☞解答・解説104頁

問題3−6 第25回 ★☆☆

次の資料により,商品期末棚卸高を計算し,正しい数値を選びなさい。

当期商品仕入高　2,800　　商品期首棚卸高　700　　売上総利益　2,000
売上高　5,000

① 200　　② 500　　③ 800　　④ 900　　⑤ 1,500

☞解答・解説104頁

4　営業利益とは

問題3－7　第22回　★☆☆

次の文章について，正誤の組み合わせとして正しいものを選びなさい。

（ア）営業利益は，粗利益とも呼ばれる。

（イ）経常利益とは，本業により稼いだ利益をいう。

① （ア）正 （イ）正　　② （ア）正 （イ）誤

③ （ア）誤 （イ）正　　④ （ア）誤 （イ）誤

☞解答・解説104頁

問題3－8　第20回　★★☆

次の文章について，正誤の組み合わせとして正しいものを選びなさい。

（ア）火災保険の保険料は，営業外費用に含まれる。

（イ）租税公課は，販売費及び一般管理費に含まれる。

① （ア）正 （イ）正　　② （ア）正 （イ）誤

③ （ア）誤 （イ）正　　④ （ア）誤 （イ）誤

☞解答・解説104頁

問題 3 - 9　第27回　★☆☆

【問1・問2共通】　次の資料により，【問1】と【問2】の設問に答えなさい。

商品期首棚卸高　300　　有価証券利息　10　　給料　150
退職給付費用　10　　研究開発費　35　　商品期末棚卸高　400
減価償却費　60　　広告宣伝費　30　　当期商品仕入高　2,900
社債利息　15　　売上総利益　700

【問1】　売上高を計算し，正しい数値を選びなさい。

①　2,800　　②　3,200　　③　3,500　　④　3,600　　⑤　3,700

【問2】　営業利益を計算し，正しい数値を選びなさい。

①　415　　②　450　　③　475　　④　510　　⑤　520

☞解答・解説104頁

5　経常利益とは

問題 3 - 10　第27回　★☆☆

次の文章について，正誤の組み合わせとして正しいものを選びなさい。

（ア）営業外費用とは，臨時的に発生した費用である。
（イ）売買目的で保有している有価証券を売却して生じた損失は，営業外費用に含まれる。

①　（ア）正　（イ）正　　　　②　（ア）正　（イ）誤
③　（ア）誤　（イ）正　　　　④　（ア）誤　（イ）誤

☞解答・解説105頁

問題 3 −11　第23回　★★☆

次の資料により，営業外収益の金額を計算し，正しい数値を選びなさい。

有価証券評価益　15	社債利息　25	投資有価証券売却益　20
固定資産売却益　30	受取利息　10	有価証券利息　5

①　25　　②　30　　③　40　　④　55　　⑤　60

☞解答・解説105頁

問題 3 −12　第25回　★☆☆

次の文章の空欄（　ア　）と（　イ　）に当てはまる語句の適切な組み合わせを選びなさい。

自社が発行した社債に対して支払う利息を（　ア　）といい，（　イ　）に計上される。

①　（ア）社債利息　　　（イ）営業外費用
②　（ア）社債利息　　　（イ）販売費及び一般管理費
③　（ア）有価証券利息　（イ）営業外費用
④　（ア）有価証券利息　（イ）販売費及び一般管理費

☞解答・解説105頁

問題 3 −13　第20回　★★☆

次の資料により，営業外費用の金額を計算し，正しい数値を選びなさい。

社債利息　30	有価証券利息　15	有価証券評価損　10
支払利息　40	固定資産売却損　20	投資有価証券売却損　35

①　50　　②　70　　③　80　　④　95　　⑤　105

☞解答・解説105頁

24

6　税引前当期純利益とは

問題 3－14　第20回　★★☆

次の表示項目と表示区分の組み合わせのうち，正しいものの個数を選びなさい。

表示項目		表示区分
ア．受取利息	−	営業外収益
イ．受取配当金	−	営業外収益
ウ．投資有価証券売却益	−	営業外収益
エ．有価証券評価益	−	特別利益
オ．固定資産売却益	−	特別利益

① 1つ　② 2つ　③ 3つ　④ 4つ　⑤ 5つ

☞解答・解説105頁

問題 3－15　第25回　★★★

次の文章について，正誤の組み合わせとして正しいものを選びなさい。

（ア）固定資産売却損は，特別損失に含まれる。
（イ）投資有価証券売却損には，その他有価証券の売却によって生じた損失が含まれる。

① （ア）正　（イ）正　② （ア）正　（イ）誤
③ （ア）誤　（イ）正　④ （ア）誤　（イ）誤

☞解答・解説105頁

問題 3 −16   第26回   ★★☆

次の資料により，【問1】と【問2】の空欄（　ア　）と（　イ　）に当てはまる数値を選びなさい。（金額単位：百万円）

固定資産売却損　20	支払利息　10	研究開発費　20
有価証券売却損　15	有価証券利息　30	減価償却費　30
減損損失　30	受取利息　10	投資有価証券売却益　15
経常利益　220		

【問1】　営業利益は（　ア　）百万円である。

①　190　　②　205　　③　220　　④　235　　⑤　250

【問2】　税引前当期純利益は（　イ　）百万円である。

①　170　　②　185　　③　200　　④　205　　⑤　215

☞解答・解説105頁

7　当期純利益とは

問題 3 −17   第18回   ★☆☆

次の文章について，正誤の組み合わせとして正しいものを選びなさい。

（ア）当期純利益は，企業の一会計期間の最終的な利益である。
（イ）法人税等調整額が，プラスの金額になることはない。

①　（ア）正　（イ）正　　　②　（ア）正　（イ）誤
③　（ア）誤　（イ）正　　　④　（ア）誤　（イ）誤

☞解答・解説106頁

問題 3-18 第27回 ★★☆

次の文章について，正誤の組み合わせとして正しいものを選びなさい。

(ア) 会計上の利益にもとづき計算される税額と税法上の課税額との差額を調整することを，税効果会計という。
(イ) 税効果会計により，損益計算書に繰延税金資産が計上される。

① (ア) 正 (イ) 正   ② (ア) 正 (イ) 誤
③ (ア) 誤 (イ) 正   ④ (ア) 誤 (イ) 誤

☞解答・解説106頁

問題 3-19 第23回 ★★☆

次の文章について，正誤の組み合わせとして正しいものを選びなさい。

(ア) 法人税，住民税及び事業税は，利益の金額に課税される税金である。
(イ) 法人税，住民税及び事業税のことを，法人税等調整額という。

① (ア) 正 (イ) 正   ② (ア) 正 (イ) 誤
③ (ア) 誤 (イ) 正   ④ (ア) 誤 (イ) 誤

☞解答・解説106頁

8 損益計算書全般

問題 3 −20 第26回 ★☆☆

損益計算書に関する次の文章のうち，正しいものの適切な組み合わせを選びなさい。

> ア．一定時点における企業の経営成績を表すものである。
>
> イ．1年間に生じたすべての収益と，その収益を得るためにかかったすべての費用が記載される。
>
> ウ．費用は，実現主義により計上される。
>
> エ．経常利益は，本業のもうけに投資収益や資金調達コストを加減算した利益である。
>
> オ．法人税等調整額は，税効果会計を適用した場合において，税務上と会計上の税額の差額を調整する項目である。

① アイオ　② アウエ　③ アウオ　④ イウエ　⑤ イエオ

☞解答・解説106頁

問題 3 −21 第21回 ★☆☆

次の文章について，【問1】と【問2】の設問に答えなさい。

> ア．土地を売却して損失が生じた。
>
> イ．広告にかかる費用が生じた。
>
> ウ．投資有価証券を売却して利益が生じた。
>
> エ．借入金に対して利息が生じた。
>
> オ．退職給付にかかる費用が生じた。
>
> カ．決算時に売買目的有価証券の時価が帳簿価額より上昇していた。
>
> キ．預金からの利息があった。

【問1】 アからキのうち，販売費及び一般管理費に計上されるものの適切な組み合わせを選びなさい。

① アイ　　② アエ　　③ イエ　　④ イオ　　⑤ エオ

【問2】 アからキのうち，特別利益に計上されるものを選びなさい。

① ウ　　② エ　　③ カ　　④ キ　　⑤ なし

☞解答・解説106頁

問題 3－22　　第23回・第26回・第27回　　★☆☆

【問1・問2共通】 次の文章について，【問1】から【問4】の設問に答えなさい。

（ア）本社建物の固定資産税のように費用として処理される税金

（イ）建物の使用に伴う価値の減少分を費用として計上したもの

（ウ）借入金に対して支払う利息

（エ）火災によって生じた損失

（オ）火災保険の保険料

（カ）固定資産の収益性の低下に伴う価値の減少による評価損

（キ）建物の賃借料

（ク）土地を売却して生じた損失

（ケ）自社が発行した社債に対して支払う利息

【問1】 （ア）と（イ）の文章が説明している項目の適切な組み合わせを選びなさい。

① （ア）法人税　　　（イ）減損損失

② （ア）法人税　　　（イ）減価償却費

③ （ア）租税公課　　（イ）減損損失

④ （ア）租税公課　　（イ）減価償却費

【問2】 （ア）から（ケ）の文章が説明している項目のうち，販売費及び一般
管理費に該当するものの個数を選びなさい。

① 1つ　② 2つ　③ 3つ　④ 4つ　⑤ 5つ

【問3】 （ア）から（ケ）の文章が説明している項目のうち，営業外費用に該
当するものの個数を選びなさい。

① 1つ　② 2つ　③ 3つ　④ 4つ　⑤ 5つ

【問4】 （ア）から（ケ）の文章が説明している項目のうち，特別損失に該当
するものの個数を選びなさい。

① 1つ　② 2つ　③ 3つ　④ 4つ　⑤ 5つ

☞解答・解説106頁

第 **4** 章
キャッシュ・フロー計算書

1 キャッシュ・フロー計算書とは

問題 4 - 1　第26回　★★☆

キャッシュ・フロー計算書に関する次の文章について，正誤の組み合わせとして正しいものを選びなさい。

（ア）一会計期間におけるキャッシュ・フローの状況を表示する計算書である。

（イ）現金及び現金同等物は，貸借対照表の現金及び預金と一致する。

---

① （ア）正 （イ）正　　　② （ア）正 （イ）誤

③ （ア）誤 （イ）正　　　④ （ア）誤 （イ）誤

☞解答・解説107頁

問題 4 - 2　第25回　★★☆

次の文章について，正誤の組み合わせとして正しいものを選びなさい。

（ア）キャッシュ・フロー計算書が対象とするキャッシュの範囲は，現金及び現金同等物である。

（イ）市場性のある株式は，現金及び現金同等物に含まれる。

---

① （ア）正 （イ）正　　　② （ア）正 （イ）誤

③ （ア）誤　（イ）正　　　④ （ア）誤　（イ）誤

☞解答・解説107頁

問題4－3　第27回　★★☆

キャッシュ・フロー計算書に関する次の文章のうち，正しいものの個数を選びなさい。

ア．現金とは，手許現金および要求払預金をいう。

イ．現金同等物には，市場性のある株式も含まれる。

ウ．現金同等物とは，容易に換金可能であり，かつ，価値の変動についてわずかなリスクしか負わない短期の投資をいう。

エ．現金同等物に何を含めているかは，財務諸表の注記に記載される。

① 1つ　　② 2つ　　③ 3つ　　④ 4つ　　⑤ なし

☞解答・解説107頁

2　キャッシュ・フロー計算書と貸借対照表・損益計算書との関係

問題4－4　第27回　★☆☆

次の文章について，正誤の組み合わせとして正しいものを選びなさい。

（ア）キャッシュ・フロー計算書の役割の1つは，企業の現金創出能力を示すことである。

（イ）損益計算書に記載される収益および費用と，キャッシュ・フロー計算書に記載されるキャッシュ・インフローおよびキャッシュ・アウトフローは，必ずしも一致しない。

① （ア）正　（イ）正　　　② （ア）正　（イ）誤

③ （ア）誤 （イ）正 　　④ （ア）誤 （イ）誤

☞解答・解説107頁

3　キャッシュ・フロー計算書の読み方

問題4－5　　第27回　　★☆☆

次の文章について，正誤の組み合わせとして正しいものを選びなさい。

（ア）キャッシュ・フロー計算書の営業活動によるキャッシュ・フローの区
　　　分の表示方法には，直接法と間接法がある。
（イ）直接法と間接法のいずれを採用しても，営業活動によるキャッシュ・
　　　フローの金額は同じである。

① （ア）正 （イ）正 　　② （ア）正 （イ）誤
③ （ア）誤 （イ）正 　　④ （ア）誤 （イ）誤

☞解答・解説107頁

問題4－6　　第26回　　★★★

キャッシュ・フロー計算書に関する次の文章の空欄（　ア　）と（　イ　）
に当てはまる語句の適切な組み合わせを選びなさい。

間接法による営業活動によるキャッシュ・フローの区分は，（　ア　）か
ら始まる。また，減価償却費はこの区分で（　イ　）される。

① （ア）当期純利益 　　　（イ）加算
② （ア）当期純利益 　　　（イ）減算
③ （ア）税引前当期純利益 （イ）加算
④ （ア）税引前当期純利益 （イ）減算

☞解答・解説107頁

33

問題 4 ― 7　第27回　★☆☆

次の項目のうち，投資活動によるキャッシュ・フローに該当するものの適切な組み合わせを選びなさい。

ア．株式の発行による収入　　イ．貸付けによる支出

ウ．配当金の支払い　　　　　エ．社債の発行による収入

オ．有価証券の取得による支出

①　アウ　　②　アオ　　③　イエ　　④　イオ　　⑤　ウエ

☞解答・解説107頁

問題 4 ― 8　第15回　★★☆

キャッシュ・フロー計算書における次の表示項目と表示区分の組み合わせのうち，誤っているものを選びなさい。

	表示項目		表示区分
①	人件費の支出	―	営業活動によるキャッシュ・フロー
②	有形固定資産の取得による支出	―	投資活動によるキャッシュ・フロー
③	自己株式の取得による支出	―	投資活動によるキャッシュ・フロー
④	借入れによる収入	―	財務活動によるキャッシュ・フロー
⑤	配当金の支払い	―	財務活動によるキャッシュ・フロー

☞解答・解説107頁

問題 4 ― 9　第23回　★★☆

次の項目のうち，財務活動によるキャッシュ・フローの区分に記載されるものの適切な組み合わせを選びなさい。

ア．貸付金の回収による収入　　イ．株式の発行による収入

ウ．有価証券の取得による支出　　エ．配当金の支払い

オ．自己株式の取得による支出

34

① アイオ ② アウエ ③ アウオ ④ イウエ ⑤ イエオ

☞解答・解説107頁

問題 4 −10 第23回・第25回・第26回 ★☆☆

各社のキャッシュ・フローに関する次の資料により，【問1】から【問5】の文章の空欄に当てはまる語句を選びなさい。なお，表中の＋および−は，キャッシュ・フロー計算書の各活動区分の数値がそれぞれプラス値およびマイナス値であることを示している。

活動区分	A社	B社	C社	D社	E社
営業	＋	＋	−	−	＋
投資	−	−	＋	−	＋
財務	−	＋	＋	＋	−

【問1】 営業活動により生み出したキャッシュを，将来の事業のための投資活動と，借入金の返済などの財務活動に充てているのは（ ア ）である。

① A社 ② B社 ③ C社 ④ D社 ⑤ E社

【問2】 営業活動によるキャッシュ・フローはマイナスであるが，財務活動を通じて調達した資金を投資活動に投入しているのは（ ）である。

① A社 ② B社 ③ C社 ④ D社 ⑤ E社

【問3】 営業活動により生み出したキャッシュと，土地や有価証券などの保有資産の売却により回収したキャッシュを，借入金の返済などに充てている。

① A社 ② B社 ③ C社 ④ D社 ⑤ E社

【問4】 営業活動により獲得したキャッシュ以上の投資を行うために，銀行借入れなどの財務活動によりキャッシュを調達しているのは（ ア ）である。

① A社 ② B社 ③ C社 ④ D社 ⑤ E社

35

【問5】 営業活動によるキャッシュ・フローのマイナスを，保有資産の売却などによって回収したキャッシュや財務活動を通じて調達したキャッシュで補っているのは（　イ　）である。

① A社　　② B社　　③ C社　　④ D社　　⑤ E社

☞解答・解説107頁

第5章

財務諸表分析

1　財務諸表分析の対象情報

問題5−1　第20回　★☆☆

次の企業情報のうち，定量情報に該当するものの適切な組み合わせを選びなさい。

ア．規制の有無　　イ．従業員数　　ウ．販売シェア　　エ．経営者の資質
オ．株価

①　アイエ　　②　アウエ　　③　アウオ　　④　イウオ　　⑤　イエオ

☞解答・解説108頁

問題5−2　第26回　★☆☆

次の文章について，正誤の組み合わせとして正しいものを選びなさい。

（ア）財務諸表分析において企業情報の解釈を充実したものにするために，
　　　定量情報だけでなく，定性情報もあわせて入手することが重要である。
（イ）企業の活動を制約する規制の有無に関する情報は，定量情報である。

①　（ア）正　（イ）正　　　②　（ア）正　（イ）誤
③　（ア）誤　（イ）正　　　④　（ア）誤　（イ）誤

☞解答・解説108頁

37

2 百分比財務諸表分析

問題 5 - 3　　第14回・改題　　★★☆

次の資料により，【問1】から【問4】の空欄（　ア　）から（　エ　）に該当する数値を選びなさい。なお，貸借対照表は資料に記載されている項目だけで構成されているものとし，△はマイナスを意味する。（単位：百万円）

利益剰余金　280	現金及び預金　150	短期借入金　410
売掛金　190	資本金　500	社債　450　　棚卸資産　230
建物　290	機械装置　320	買掛金　150　　長期貸付金　50
未払金　280	土地　125	ソフトウェア　35　　自己株式　△100
有価証券　60	支払手形　210	投資有価証券　1,450
長期借入金　200	受取手形　100	資本剰余金　600
その他有価証券評価差額金　20		

【問1】 売上債権は（　ア　）百万円である。

　① 100　　② 190　　③ 290　　④ 350　　⑤ 440

【問2】 純資産は（　イ　）百万円である。

　① 1,280　　② 1,300　　③ 1,380　　④ 1,400　　⑤ 1,500

【問3】 流動負債の貸借対照表構成比率は（　ウ　）％である。

　① 12　　② 23　　③ 32　　④ 35　　⑤ 37

【問4】 手元資金は（　エ　）百万円である。

　① 60　　② 150　　③ 210　　④ 440　　⑤ 500

☞解答・解説108頁

問題5－4 第17回 ★★☆

次の資料により，【問1】から【問3】の空欄（ ア ）から（ ウ ）に当てはまる数値を選びなさい。（金額単位：百万円）

広告宣伝費 50	固定資産売却損 20	有価証券利息 10
給料 150	売上原価 900	退職給付費用 20
有価証券売却損 30	販売手数料 40	支払利息 30
減価償却累計額 550	租税公課 20	減価償却費 110
売上総利益 600	受取利息 20	

【問1】 販売費及び一般管理費は（ ア ）百万円である。

① 260 ② 280 ③ 370 ④ 390 ⑤ 420

【問2】 営業外費用は（ イ ）百万円である。

① 30 ② 50 ③ 60 ④ 70 ⑤ 90

【問3】 売上高経常利益率は（ ウ ）％である。

① 12 ② 14 ③ 18 ④ 20 ⑤ 30

☞解答・解説108頁

3 成長性および伸び率の分析

問題5－5 第21回 ★☆☆

次の文章について，正誤の組み合わせとして正しいものを選びなさい。

（ア）今年度の売上高が100で，毎年20％の伸び率が続くとすると，3年後の売上高は160となる。

（イ）伸び率は，マイナスの値にはならない。

① （ア）正 （イ）正 ② （ア）正 （イ）誤

③ （ア）誤 （イ）正 ④ （ア）誤 （イ）誤

☞解答・解説108頁

39

問題 5 - 6　　第22回　　★☆☆

次の資料により，【問 1 】と【問 2 】の設問に答えなさい。計算にあたって端数が出る場合は，選択肢に示されている数値の桁数に応じて四捨五入するものとする。（金額単位:省略）

	X1年度	X2年度
売上高	5,000	6,000
販売費及び一般管理費	950	1,000
営業利益	600	800
経常利益	500	700
当期純利益	320	400

【問 1 】　次の文章の空欄（　ア　）と（　イ　）に当てはまる数値と語句の適切な組み合わせを選びなさい。

> X2年度の営業利益の対前年度比率は（　ア　）％であり，X2年度の売上高の対前年度比率より（　イ　）。

①　（ア）75.0　（イ）高い　　②　（ア）75.0　（イ）低い

③　（ア）133.3　（イ）高い　　④　（ア）133.3　（イ）低い

【問 2 】　次の文章について，正誤の組み合わせとして正しいものを選びなさい。

> （ア）販売費及び一般管理費は増加しており，売上高販売費及び一般管理費率も上昇している。
>
> （イ）当期純利益の伸び率が今後 2 年間変わらずに続くとすると，X 4 年度の当期純利益は600になる。

①　（ア）正　（イ）正　　②　（ア）正　（イ）誤

③　（ア）誤　（イ）正　　④　（ア）誤　（イ）誤

☞解答・解説109頁

40

4 安全性の分析

問題5－7   第27回   ★★★

次の文章について，正誤の組み合わせとして正しいものを選びなさい。

（ア）手元流動性には，棚卸資産が含まれる。

（イ）手元流動性は，マイナスになることがある。

① （ア）正 （イ）正   ② （ア）正 （イ）誤

③ （ア）誤 （イ）正   ④ （ア）誤 （イ）誤

☞解答・解説109頁

問題5－8   第27回   ★☆☆

次の文章の空欄のうち，（　ア　）と（　イ　）に当てはまる語句の適切な組み合わせを選びなさい。

正味運転資本が（　ア　）の場合，流動比率は100％を下回る。また，棚卸資産が多額にあると，流動比率は（　　　）が，当座比率は（　イ　）という状況になる。

① （ア）プラス　　（イ）高い   ② （ア）プラス　　（イ）低い

③ （ア）マイナス　（イ）高い   ④ （ア）マイナス　（イ）低い

☞解答・解説109頁

問題 5 − 9   第19回   ★☆☆

次の文章はどの指標を説明したものか，該当するものを選びなさい。

貸借対照表における資金の源泉側のバランスを見て，長期的な安全性を判断する指標。

①　流動比率　　②　当座比率　　③　自己資本比率

④　自己資本利益率　　⑤　正味運転資本

☞解答・解説109頁

問題 5 − 10   第15回   ★☆☆

次の資料により，【問1】と【問2】の空欄（　ア　）と（　イ　）に該当する数値を選びなさい。なお，純資産を自己資本とみなす。（金額単位：百万円）

資産合計　2,000　　正味運転資本　300　　自己資本比率　45%
流動負債の貸借対照表構成比　25%

【問1】　固定負債は（　ア　）百万円である。

①　400　　②　500　　③　600　　④　900　　⑤　1,100

【問2】　流動比率は（　イ　）%である。

①　50　　②　62.5　　③　120　　④　160　　⑤　200

☞解答・解説109頁

5 収益性の分析

問題5−11　第25回　★☆☆

次の文章について，正誤の組み合わせとして正しいものを選びなさい。

（ア）総資本回転率は，1回を下回ることはない。

（イ）投資規模の縮小により資産が減少しても，売上が減少しなければ総資本回転率は改善する。

---

① （ア）正 （イ）正　　② （ア）正 （イ）誤

③ （ア）誤 （イ）正　　④ （ア）誤 （イ）誤

☞解答・解説110頁

問題5−12　第13回　★★☆

次の文章について，正誤の組み合わせとして正しいものを選びなさい。

（ア）財務レバレッジは，自己資本比率の逆数である。

（イ）資本利益率は，売上高利益率と自己資本比率に要素分解できる。

---

① （ア）正 （イ）正　　② （ア）正 （イ）誤

③ （ア）誤 （イ）正　　④ （ア）誤 （イ）誤

☞解答・解説110頁

43

問題 5-13　第5回　★★☆

次の文章の空欄（　ア　）から（　ウ　）に当てはまる数値の適切な組み合わせを選びなさい。なお，純資産を自己資本とみなす。

資産合計が4,500百万円，負債合計が2,500百万円，売上高が9,000百万円，売上高当期純利益率は10％のとき，自己資本利益率は（　ア　）％，総資本回転率は（　イ　）回であり，財務レバレッジは（　ウ　）％である。

① （ア）45　（イ）2.0　（ウ）225　　② （ア）20　（イ）0.5　（ウ）225
③ （ア）45　（イ）2.0　（ウ）180　　④ （ア）20　（イ）2.0　（ウ）180
⑤ （ア）45　（イ）0.5　（ウ）225

☞解答・解説110頁

問題 5-14　第12回　★☆☆

次の空欄（　ア　）と（　イ　）に当てはまる語句の適切な組み合わせを選びなさい。

自己資本当期純利益率の分解：
$$\frac{当期純利益}{自己資本} = \frac{当期純利益}{（　ア　）} \times 総資本回転率 \times \frac{（　イ　）}{自己資本}$$

① （ア）総資本　（イ）売上高　　② （ア）他人資本　（イ）売上高
③ （ア）総資本　（イ）他人資本　　④ （ア）売上高　（イ）運転資本
⑤ （ア）売上高　（イ）総資本

☞解答・解説110頁

6 1株当たり分析

問題5−15　第23回　★★☆

次の文章について，正誤の組み合わせとして正しいものを選びなさい。

(ア)　1株当たり当期純利益は，当期純利益が同額の場合，発行済株式数が多ければ小さくなる。

(イ)　1株当たり当期純利益は，株価純資産倍率の計算の基礎指標として用いられる。

① (ア) 正 (イ) 正　　② (ア) 正 (イ) 誤
③ (ア) 誤 (イ) 正　　④ (ア) 誤 (イ) 誤

☞解答・解説110頁

問題5−16　第19回　★★☆

【問1から問3共通】　次の文章について，【問1】から【問3】の設問に答えなさい。

① 株主の出資に対する収益性を判断する指標である。
② 企業の利益水準に対して株価が相対的に高いか低いかを判定する目安として用いられる指標である。
③ 最低株価の目安となる指標である。
④ 企業の資産の水準に対して株価が相対的に高いか低いかを判定する目安として用いられる指標である。
⑤ 企業の純資産に対する資本市場の評価額を示す指標である。

【問1】　株価収益率について説明した文章を選びなさい。
【問2】　1株当たり純資産について説明した文章を選びなさい。
【問3】　時価総額について説明した文章を選びなさい。

☞解答・解説110頁

45

7 1人当たり分析

> **問題 5 −17** 第15回 ★☆☆

次の文章について，正誤の組み合わせとして正しいものを選びなさい。

（ア）ヒト・モノ・カネの投入量に対する生産量の割合を，生産性という。
（イ）従業員1人当たり売上高は，生産性の指標に該当する。

① （ア）正 （イ）正　　② （ア）正 （イ）誤
③ （ア）誤 （イ）正　　④ （ア）誤 （イ）誤

☞解答・解説110頁

8 財務諸表分析全般

> **問題 5 −18** 第15回・改題 ★★☆

A社に関する〈資料1〉から〈資料3〉により，【問1】から【問6】の設問に答えなさい。分析にあたって，貸借対照表数値は期末の数値を用いることとし，純資産を自己資本とみなす。金額単位は百万円であり，△はマイナスを意味する。また，計算にあたって端数が出る場合は，問題文に応じて四捨五入するものとする。なお，貸借対照表の現金及び預金とキャッシュ・フロー計算書の現金及び現金同等物は等しいものとする。

〈資料1〉 貸借対照表

資産の部	
流動資産	
現金及び預金	1,900
受取手形	2,300
売掛金	1,800
有価証券	1,100
商品	730
その他	1,200
流動資産合計	9,030
固定資産	18,670
資産合計	27,700
負債の部	
流動負債	9,100
固定負債	5,100
負債合計	14,200
純資産の部	
株主資本	13,500
純資産合計	13,500
負債純資産合計	27,700

47

〈資料2〉　損益計算書

売上高	22,000
売上原価	17,200
売上総利益	4,800
販売費及び一般管理費	4,600
営業利益	200
営業外収益	20
営業外費用	23
経常利益	197
特別利益	80
特別損失	52
税引前当期純利益	225
法人税，住民税及び事業税	90
当期純利益	135

〈資料3〉　キャッシュ・フロー計算書

営業活動によるキャッシュ・フロー	385
投資活動によるキャッシュ・フロー	280
財務活動によるキャッシュ・フロー	（　ア　）
現金及び現金同等物の増減額	（　　　）
現金及び現金同等物の期首残高	1,485
現金及び現金同等物の期末残高	（　　　）

【問1】　〈資料3〉の空欄（　ア　）に当てはまる数値を選びなさい。

① △350　　② △250　　③ 250　　④ 350　　⑤ 3,850

【問2】　次の文章について，正誤の組み合わせとして正しいものを選びなさい。

（ア）フリー・キャッシュ・フローは，投資活動を営業活動によるキャッシュ・フローの範囲内で行うことで，資金状況が安定するという考え方を反映した指標である。

（イ）A社のフリー・キャッシュ・フローは，105である。

① （ア）正 （イ）正　　② （ア）正 （イ）誤

③ （ア）誤 （イ）正　　④ （ア）誤 （イ）誤

【問3】　次の文章について，正誤の組み合わせとして正しいものを選びなさい。

（ア）当座比率は，100％以上あることが望ましいと考えられる。

（イ）A社の当座比率は，100％に達していない。

---

① （ア）正 （イ）正　　② （ア）正 （イ）誤

③ （ア）誤 （イ）正　　④ （ア）誤 （イ）誤

【問4】　次の文章について，正誤の組み合わせとして正しいものを選びなさい。

（ア）手元資金は，流動資産のうち短期の支払資金としての性格が極めて強い項目の合計額である。

（イ）手元資金の額は，7,100である。

---

① （ア）正 （イ）正　　② （ア）正 （イ）誤

③ （ア）誤 （イ）正　　④ （ア）誤 （イ）誤

【問5】　次の文章について，正誤の組み合わせとして正しいものを選びなさい。

（ア）自己資本比率は，貸借対照表における資金の運用側のバランスを見る指標である。

（イ）A社の自己資本比率は，51％である。

---

① （ア）正 （イ）正　　② （ア）正 （イ）誤

③ （ア）誤 （イ）正　　④ （ア）誤 （イ）誤

【問6】　次の文章について，正誤の組み合わせとして正しいものを選びなさい。

（ア）総資本経常利益率は，売上高営業利益率と総資本回転率に分解できる。

（イ）A社の総資本回転率は，0.79回である。

---

① （ア）正 （イ）正　　② （ア）正 （イ）誤

③ （ア）誤 （イ）正　　④ （ア）誤 （イ）誤

☞解答・解説110頁

第 6 章

総合問題

問題 6 － 1 第25回・改題

　Ａ社に関する〈資料１〉と〈資料２〉により，【問１】から【問14】の設問に答えなさい。分析にあたって，貸借対照表数値，発行済株式数，株価および従業員数は期末の数値を用いることとし，純資産を自己資本とみなす。金額単位は，特記したものを除き百万円であり，△はマイナスを意味する。計算にあたって端数が出る場合は，選択肢に示されている数値の桁数に応じて四捨五入するものとする。

第1章 「財務諸表」とは

第2章 貸借対照表

第3章 損益計算書

第4章 キャッシュ・フロー計算書

第5章 財務諸表分析

第6章 総合問題

51

〈資料1〉

	X1年度	X2年度
流動資産	（ ア ）	2,300
固定資産	1,300	1,590
繰延資産	100	110
流動負債	（ イ ）	1,400
固定負債	600	400
純資産	（ ）	2,200
売上高	5,400	5,800
営業利益	200	220
経常利益	250	190
当期純利益	100	120
営業活動によるキャッシュ・フロー	280	260
投資活動によるキャッシュ・フロー	（ ウ ）	△400
財務活動によるキャッシュ・フロー	（ エ ）	140
発行済株式数（百万株）	10	15
1株当たり株価（円）	200	240
従業員数（人）	1,200	1,000

〈資料2〉 X1年度データ

[流動資産および流動負債の各項目]

現金及び預金 600　　受取手形 400　　売掛金 400

有価証券（売買目的） 300　　棚卸資産 100　　支払手形 300

買掛金 300　　短期借入金 290　　未払金 110　　預り金 90

前受収益 110

[投資活動によるキャッシュ・フローおよび財務活動によるキャッシュ・フローの各項目]

有形固定資産の取得による支出 100

無形固定資産の取得による支出 80　　有価証券の売却による収入 120

株式発行による収入 60　　自己株式の取得による支出 50

配当金の支払い 60　　社債の償還による支出 90

【問 1 】 〈資料 1 〉の空欄（　ア　）に当てはまる数値を選びなさい。

① 1,600　　② 1,660　　③ 1,700　　④ 1,760　　⑤ 1,800

【問 2 】 〈資料 1 〉の空欄（　イ　）に当てはまる数値を選びなさい。

① 1,100　　② 1,200　　③ 1,240　　④ 1,300　　⑤ 1,340

【問 3 】 〈資料 1 〉の空欄（　ウ　）に当てはまる数値を選びなさい。

① △200　　② △180　　③ △140　　④ △60　　⑤ 240

【問 4 】 〈資料 1 〉の空欄（　エ　）に当てはまる数値を選びなさい。

① △200　　② △180　　③ △140　　④ △60　　⑤ 240

【問 5 】 次の文章について，正誤の組み合わせとして正しいものを選びなさい。

（ア）X1年度からX2年度にかけて，資産合計の伸び率より売上高の伸び率の方が大きい。

（イ）当期純利益でみると，X1年度からX2年度にかけて増収増益である。

① （ア）正　（イ）正　　　② （ア）正　（イ）誤

③ （ア）誤　（イ）正　　　④ （ア）誤　（イ）誤

【問 6 】 次の文章について，正誤の組み合わせとして正しいものを選びなさい。

（ア）X1年度の売上原価率が80％であったとすると，X2年度の売上総利益率をX1年度より5％高めるためには，売上原価をX1年度より30百万円下げなければならなかった。

（イ）営業利益が10％の伸び率を継続したとすると，X3年度の営業利益は250百万円になる。

① （ア）正　（イ）正　　　② （ア）正　（イ）誤

③ （ア）誤　（イ）正　　　④ （ア）誤　（イ）誤

【問 7 】 次の文章について，正誤の組み合わせとして正しいものを選びなさい。

（ア）正味運転資本は，安全性の指標であり，実数分析にあたる。

（イ）正味運転資本は，X1年度からX2年度にかけて増加した。

①　（ア）正　（イ）正　　　②　（ア）正　（イ）誤

③　（ア）誤　（イ）正　　　④　（ア）誤　（イ）誤

【問8】　次の文章の空欄（　ア　）から（　ウ　）に当てはまる語句と数値の
　　　　適切な組み合わせを選びなさい。

　　当座資産は流動資産のうち支払手段としての確実性が（　ア　）資産である。X1年度において，当座比率は（　イ　）％である。X1年度の当座比率は流動比率より（　ウ　）ため，不良在庫になっている棚卸資産があると判断することができる。

---

①　（ア）低い　（イ）　83.3　（ウ）高い

②　（ア）低い　（イ）116.7　（ウ）高い

③　（ア）高い　（イ）　83.3　（ウ）低い

④　（ア）高い　（イ）116.7　（ウ）低い

⑤　（ア）高い　（イ）141.7　（ウ）低い

【問9】　次の文章の空欄（　ア　）から（　エ　）に当てはまる語句と数値の
　　　　適切な組み合わせを選びなさい。

　　企業にとって（　ア　）は将来の存続・成長を支える重要な活動である。（　ア　）を営業活動によるキャッシュ・フローの範囲内で行えば，資金の状況が安定するという考え方を反映した指標が（　イ　）である。X1年度の（　イ　）は（　ウ　），X2年度の（　イ　）は（　エ　）である。

---

①　（ア）投資活動　（イ）フリー・キャッシュ・フロー　（ウ）　80　（エ）△260

②　（ア）投資活動　（イ）フリー・キャッシュ・フロー　（ウ）220　（エ）△140

③　（ア）投資活動　（イ）現金及び現金同等物の増減額　（ウ）280　（エ）△400

④　（ア）財務活動　（イ）フリー・キャッシュ・フロー　（ウ）220　（エ）△140

⑤　（ア）財務活動　（イ）現金及び現金同等物の増減額　（ウ）280　（エ）△400

【問10】 次の文章について，正誤の組み合わせとして正しいものを選びなさい。

（ア）X1年度の総資本経常利益率は，4.6％である。

（イ）X1年度からX2年度にかけて総資本経常利益率が悪化した原因は，売上高経常利益率と総資本回転率の悪化にある。

① （ア）正 （イ）正　　　② （ア）正 （イ）誤
③ （ア）誤 （イ）正　　　④ （ア）誤 （イ）誤

【問11】 次の文章について，正誤の組み合わせとして正しいものを選びなさい。

（ア）自己資本当期純利益率は，X1年度からX2年度にかけて改善した。

（イ）財務レバレッジは，X1年度からX2年度にかけて高くなった。

① （ア）正 （イ）正　　　② （ア）正 （イ）誤
③ （ア）誤 （イ）正　　　④ （ア）誤 （イ）誤

【問12】 次の文章について，正誤の組み合わせとして正しいものを選びなさい。

（ア）1株当たり当期純利益は，X1年度からX2年度にかけて増加した。

（イ）1株当たり純資産は，X1年度からX2年度にかけて増加した。

① （ア）正 （イ）正　　　② （ア）正 （イ）誤
③ （ア）誤 （イ）正　　　④ （ア）誤 （イ）誤

【問13】 次の文章について，正誤の組み合わせとして正しいものを選びなさい。

（ア）株価収益率は，企業の利益水準に対して株価が相対的に高いか低いかを判定する目安として用いられる指標である。

（イ）株価収益率は，X1年度からX2年度にかけて高くなった。

① （ア）正 （イ）正　　　② （ア）正 （イ）誤
③ （ア）誤 （イ）正　　　④ （ア）誤 （イ）誤

【問14】 次の文章について，正誤の組み合わせとして正しいものを選びなさい。

（ア）ヒト・モノ・カネの投入量に対する生産量の割合を，生産性という。

（イ）従業員1人当たり売上高からみると，X1年度からX2年度にかけて労働
　　　効率が改善された。

---

① （ア）正　（イ）正　　　② （ア）正　（イ）誤

③ （ア）誤　（イ）正　　　④ （ア）誤　（イ）誤

☞解答・解説112頁

問題6－2　第23回

　A社に関する〈資料1〉から〈資料3〉により，【問1】から【問13】の設
問に答えなさい。分析にあたって，貸借対照表数値と従業員数は期末の数値を
用いることとし，純資産を自己資本とみなす。△はマイナスを意味する。なお，
計算にあたって端数が出る場合は，選択肢に示されている数値の桁数に応じて
四捨五入するものとする。

〈資料1〉 貸借対照表 (単位：百万円)

	X1年度	X2年度
資産の部		
流動資産		
現金及び預金	420	500
有価証券	200	280
棚卸資産	300	300
その他	210	390
流動資産合計	1,130	1,470
固定資産		
有形固定資産		
土地	1,200	1,150
機械装置	300	550
車両運搬具	200	300
有形固定資産合計	1,700	2,000
無形固定資産	260	220
投資その他の資産	410	310
固定資産合計	2,370	2,530
資産合計	3,500	4,000
負債の部		
流動負債		
買掛金	200	300
短期借入金	400	400
流動負債合計	600	700
固定負債	200	450
負債合計	800	1,150
純資産の部		
株主資本	2,200	2,300
評価・換算差額等	500	550
純資産合計	2,700	2,850
負債純資産合計	3,500	4,000

第1章 「財務諸表」とは

第2章 貸借対照表

第3章 損益計算書

第4章 キャッシュ・フロー計算書

第5章 財務諸表分析

第6章 総合問題

57

〈資料2〉 損益計算書 　　　　　　　　　　　　　　　（単位：百万円）

	X1年度	X2年度
売上高	2,000	3,000
売上原価	1,200	1,500
売上総利益	800	1,500
販売費及び一般管理費	300	700
営業利益	500	800
営業外収益	20	10
営業外費用	20	110
経常利益	500	700
特別利益	30	10
特別損失	10	80
税引前当期純利益	520	630
法人税等合計	220	270
当期純利益	300	360

〈資料3〉 その他のデータ

> X1年度末およびX2年度末の従業員数は，40人である。

【問1】 次の文章について，正誤の組み合わせとして正しいものを選びなさい。

> （ア）〈資料1〉の貸借対照表では，流動性配列法が採用されている。
>
> （イ）〈資料1〉の貸借対照表では，報告式の様式が採用されている。

　① （ア）正 （イ）正　　　② （ア）正 （イ）誤

　③ （ア）誤 （イ）正　　　④ （ア）誤 （イ）誤

【問2】 次の文章について，正誤の組み合わせとして正しいものを選びなさい。

> （ア）X1年度からX2年度にかけて土地の金額が減少しているのは，減価償却
> 　　　によると推定される。
>
> （イ）減価償却費は，営業外費用に含まれる。

　① （ア）正 （イ）正　　　② （ア）正 （イ）誤

③　（ア）誤　（イ）正　　　④　（ア）誤　（イ）誤

【問3】　次の文章について，正誤の組み合わせとして正しいものを選びなさい。

（ア）X1年度からX2年度にかけて，資産合計の増減率よりも売上高の増減率
　　　の方が大きい。

（イ）X1年度からX2年度にかけて，増収増益である。

①　（ア）正　（イ）正　　　　②　（ア）正　（イ）誤

③　（ア）誤　（イ）正　　　　④　（ア）誤　（イ）誤

【問4】　次の文章について，正誤の組み合わせとして正しいものを選びなさい。

（ア）X2年度の営業利益の対前年度伸び率は，50％を上回っている。

（イ）X2年度とX3年度の当期純利益の対前年度伸び率が同じだとすれば，
　　　X3年度の当期純利益は450百万円を上回る。

①　（ア）正　（イ）正　　　　②　（ア）正　（イ）誤

③　（ア）誤　（イ）正　　　　④　（ア）誤　（イ）誤

【問5】　次の文章について，正誤の組み合わせとして正しいものを選びなさい。

（ア）X1年度の売上高売上原価率は，40.0％である。

（イ）売上高売上原価率は，X2年度の方が高い。

①　（ア）正　（イ）正　　　　②　（ア）正　（イ）誤

③　（ア）誤　（イ）正　　　　④　（ア）誤　（イ）誤

【問6】　次の文章について，正誤の組み合わせとして正しいものを選びなさい。

（ア）X1年度からX2年度にかけて，売上高営業利益率，売上高当期純利益率
　　　ともに改善した。

（イ）X1年度からX2年度にかけて売上高営業利益率が改善した要因は，売上
　　　高販売費及び一般管理費率の改善にある。

①　（ア）正　（イ）正　　　　②　（ア）正　（イ）誤

③ （ア）誤 （イ）正　　　④ （ア）誤 （イ）誤

【問7】　次の文章について，正誤の組み合わせとして正しいものを選びなさい。

（ア）流動比率は，収益性分析指標の一つである。

（イ）流動比率は，X1年度からX2年度にかけて改善した。

---

① （ア）正 （イ）正　　　② （ア）正 （イ）誤

③ （ア）誤 （イ）正　　　④ （ア）誤 （イ）誤

【問8】　次の文章について，正誤の組み合わせとして正しいものを選びなさい。

（ア）総資本経常利益率は，投下している資金総額で，企業の業績を表す利益をどれだけ稼いだかを示す指標である。

（イ）総資本経常利益率は，X1年度からX2年度にかけて改善した。

---

① （ア）正 （イ）正　　　② （ア）正 （イ）誤

③ （ア）誤 （イ）正　　　④ （ア）誤 （イ）誤

【問9】　次の文章について，正誤の組み合わせとして正しいものを選びなさい。

（ア）総資本経常利益率は，売上高経常利益率，総資本回転率および財務レバレッジの３つの指標に分解することができる。

（イ）売上高経常利益率は，X1年度からX2年度にかけて改善した。

---

① （ア）正 （イ）正　　　② （ア）正 （イ）誤

③ （ア）誤 （イ）正　　　④ （ア）誤 （イ）誤

【問10・問11共通】　次の文章について，【問10】と【問11】の設問に答えなさい。

　資本回転率は（　ア　）が（　イ　）を効率的に生み出しているかどうかの指標である。X2年度の総資本回転率は（　ウ　）回であり，X1年度より資金効率や投資効率が（　エ　）といえる。

60

【問10】 空欄（ ア ）と（ イ ）に当てはまる語句の適切な組み合わせを選びなさい。

① （ア）売上高　　（イ）業績利益
② （ア）売上高　　（イ）キャッシュ
③ （ア）売上高　　（イ）投下資本
④ （ア）投下資本　（イ）業績利益
⑤ （ア）投下資本　（イ）売上高

【問11】 空欄（ ウ ）と（ エ ）に当てはまる数値と語句の適切な組み合わせを選びなさい。

① （ウ）0.57　（エ）高い　　② （ウ）0.57　（エ）低い
③ （ウ）0.75　（エ）高い　　④ （ウ）0.75　（エ）低い

【問12】 次の文章について，正誤の組み合わせとして正しいものを選びなさい。

（ア）自己資本当期純利益率は，株主の出資に対する収益性を判断するための指標である。
（イ）自己資本当期純利益率は，X1年度からX2年度にかけて改善した。

① （ア）正　（イ）正　　② （ア）正　（イ）誤
③ （ア）誤　（イ）正　　④ （ア）誤　（イ）誤

【問13】 次の文章について，正誤の組み合わせとして正しいものを選びなさい。

（ア）生産性が上がるとは，ヒト・モノ・カネの投入量に対する生産量の割合が増えることを意味する。
（イ）売上高についての労働効率は，X2年度には改善した。

① （ア）正　（イ）正　　② （ア）正　（イ）誤
③ （ア）誤　（イ）正　　④ （ア）誤　（イ）誤

☞解答・解説113頁

61

問題6-3　第23回

A社とB社に関する〈資料1〉から〈資料4〉により，【問1】から【問12】の設問に答えなさい。分析にあたって，貸借対照表数値，発行済株式数および株価は期末の数値を用いることとし，純資産を自己資本とみなす。△はマイナスを意味する。なお，計算にあたって端数が出る場合は，選択肢に示されている数値の桁数に応じて四捨五入するものとする。また，貸借対照表の現金及び預金とキャッシュ・フロー計算書の現金及び現金同等物は等しいものとする。

〈資料1〉　貸借対照表　　　　　　　　　　　　　　　　　（単位：百万円）

	A社	B社
資産の部		
流動資産		
現金及び預金	22,000	60,000
売掛金	13,000	150,000
受取手形	1,000	4,900
棚卸資産	198,000	36,000
その他	500	100
流動資産合計	234,500	251,000
固定資産		
有形固定資産	60,600	44,500
無形固定資産	10,300	10,200
投資その他の資産	360,300	347,700
固定資産合計	431,200	402,400
資産合計	665,700	653,400
負債の部		
流動負債	185,000	155,900
固定負債	98,000	138,000
負債合計	283,000	293,900
純資産の部		
株主資本	381,400	358,400
評価・換算差額等	900	700
新株予約権	400	400
純資産合計	382,700	359,500
負債純資産合計	665,700	653,400

〈資料2〉 損益計算書 （単位：百万円）

	A社	B社
売上高	267,000	278,100
売上原価	105,100	143,300
売上総利益	161,900	134,800
販売費及び一般管理費	111,500	100,200
営業利益	50,400	34,600
営業外収益	10,500	18,500
営業外費用	1,900	3,800
経常利益	59,000	49,300
特別利益	5,500	800
特別損失	1,600	2,800
税引前当期純利益	62,900	47,300
法人税等合計	20,300	19,800
当期純利益	42,600	27,500

〈資料3〉 キャッシュ・フロー計算書 （単位：百万円）

	A社	B社
営業活動によるキャッシュ・フロー	31,000	50,000
投資活動によるキャッシュ・フロー	△30,000	10,000
財務活動によるキャッシュ・フロー	△9,000	△40,000
現金及び現金同等物の増減額	△8,000	20,000
現金及び現金同等物の期首残高	30,000	40,000
現金及び現金同等物の期末残高	22,000	60,000

〈資料4〉 その他のデータ

	A社	B社
発行済株式数（百万株）	300	423
1株株価（円）	1,430	1,120

【問1】　次の文章について，正誤の組み合わせとして正しいものを選びなさい。

（ア）貸借対照表構成比率は，純資産合計を100とし，各項目の金額をパーセントで表現したものである。

（イ）流動資産の貸借対照表構成比率は，A社の方が小さい。

① （ア）正　（イ）正　　　② （ア）正　（イ）誤
③ （ア）誤　（イ）正　　　④ （ア）誤　（イ）誤

【問2】　次の文章について，正誤の組み合わせとして正しいものを選びなさい。

（ア）正味運転資本の計算は，実数分析にあたる。

（イ）正味運転資本からみると，A社の方が流動的な資金の正味額は少ない。

① （ア）正　（イ）正　　　② （ア）正　（イ）誤
③ （ア）誤　（イ）正　　　④ （ア）誤　（イ）誤

【問3】　次の文章について，正誤の組み合わせとして正しいものを選びなさい。

（ア）棚卸資産が多額にあると，流動比率は高いが当座比率が低いという状況になりうる。

（イ）当座比率からみると，A社の方が短期の安全性が高いといえる。

① （ア）正　（イ）正　　　② （ア）正　（イ）誤
③ （ア）誤　（イ）正　　　④ （ア）誤　（イ）誤

【問4】　次の文章について，正誤の組み合わせとして正しいものを選びなさい。

（ア）フリー・キャッシュ・フローは，マイナスになることもある。

（イ）A社のフリー・キャッシュ・フローは，22,000百万円である。

① （ア）正　（イ）正　　　② （ア）正　（イ）誤
③ （ア）誤　（イ）正　　　④ （ア）誤　（イ）誤

64

【問 5】 次の文章について，正誤の組み合わせとして正しいものを選びなさい。

> （ア）粗利益とは，本業で稼いだ利益のことをいう。
>
> （イ）粗利益率は，A社の方が高い。

① （ア）正 （イ）正 　　② （ア）正 （イ）誤
③ （ア）誤 （イ）正 　　④ （ア）誤 （イ）誤

【問 6】 次の文章について，正誤の組み合わせとして正しいものを選びなさい。

> （ア）自己資本当期純利益率の算定は，複表分析である。
>
> （イ）自己資本当期純利益率からみると，A社の方が株主の出資に対する収益性は高いといえる。

① （ア）正 （イ）正 　　② （ア）正 （イ）誤
③ （ア）誤 （イ）正 　　④ （ア）誤 （イ）誤

【問 7】 次の文章の空欄（ ア ）と（ イ ）に当てはまる語句と数値の適切な組み合わせを選びなさい。

> 売上高当期純利益率は（ ア ）の判断指標であり，A社の値は（ イ ）％である。

① （ア）安全性 （イ）9.9 　　② （ア）安全性 （イ）16.0
③ （ア）収益性 （イ）9.9 　　④ （ア）収益性 （イ）16.0

【問 8】 次の文章の空欄（ ア ）と（ イ ）に当てはまる語句の適切な組み合わせを選びなさい。

> 財務レバレッジは，A社の方が（ ア ）。財務レバレッジを高めるには，総資本に対する（ イ ）の割合を増やせばよい。

① （ア）高い （イ）自己資本 　　② （ア）高い （イ）他人資本
③ （ア）低い （イ）自己資本 　　④ （ア）低い （イ）他人資本

【問 9 】　次の文章について，正誤の組み合わせとして正しいものを選びなさい。

（ア）　１株当たり当期純利益の大小を，企業間で比較することには意味はない。

（イ）　A社の１株当たり当期純利益は，142円である。

①　（ア）正　（イ）正　　　②　（ア）正　（イ）誤
③　（ア）誤　（イ）正　　　④　（ア）誤　（イ）誤

【問10】　次の文章について，正誤の組み合わせとして正しいものを選びなさい。

（ア）　株価収益率は，株式投資者の株価に対する先読みを反映するといわれる。

（イ）　A社の方が，利益水準に対して株価が相対的に高く評価されている。

①　（ア）正　（イ）正　　　②　（ア）正　（イ）誤
③　（ア）誤　（イ）正　　　④　（ア）誤　（イ）誤

【問11】　次の文章について，正誤の組み合わせとして正しいものを選びなさい。

（ア）　貸借対照表は，解散価値ではなく継続価値で表現される。

（イ）　A社の１株当たり純資産は，2,219円である。

①　（ア）正　（イ）正　　　②　（ア）正　（イ）誤
③　（ア）誤　（イ）正　　　④　（ア）誤　（イ）誤

【問12】　次の文章について，正誤の組み合わせとして正しいものを選びなさい。

（ア）　株価純資産倍率は，１倍を下回ることがある。

（イ）　株価純資産倍率は，A社の方が高い。

①　（ア）正　（イ）正　　　②　（ア）正　（イ）誤
③　（ア）誤　（イ）正　　　④　（ア）誤　（イ）誤

☞解答・解説115頁

問題6－4 第27回

　次の〈資料１〉から〈資料４〉により，【問１】から【問15】の設問に答え
なさい。分析にあたって，貸借対照表数値，発行済株式数および株価は期末の
数値を用いることとし，純資産を自己資本とみなす。△はマイナスを意味する。

〈資料１〉　貸借対照表 （単位：百万円）

	X1年度	X2年度
資産の部		
流動資産	10,000	12,000
固定資産		
有形固定資産	（　　　　）	5,000
無形固定資産	（　ア　　）	1,760
投資その他の資産	（　　　　）	（　　　　）
固定資産合計	7,000	（　ウ　　）
資産合計	17,000	（　　　　）
負債の部		
流動負債	8,000	（　エ　　）
固定負債	（　イ　　）	（　　　　）
負債合計	（　　　　）	14,560
純資産の部		
株主資本	（　　　　）	5,300
評価・換算差額等	100	（　　　　）
純資産合計	（　　　　）	（　　　　）
負債純資産合計	17,000	（　　　　）

〈資料２〉　損益計算書（抜粋） （単位：百万円）

	X1年度	X2年度
売上高	50,000	60,000
売上原価	（　　　　）	42,000
売上総利益	（　オ　　）	18,000
営業利益	6,900	9,000
経常利益	4,500	4,000
税引前当期純利益	2,000	1,800
当期純利益	700	800

〈資料3〉 キャッシュ・フロー計算書　　　　　　　　　　　　（単位：百万円）

	X2年度
営業活動によるキャッシュ・フロー	2,700
投資活動によるキャッシュ・フロー	（　　　　）
財務活動によるキャッシュ・フロー	△460
現金及び現金同等物の増減額	（　　　　）
現金及び現金同等物の期首残高	900
現金及び現金同等物の期末残高	（　カ　　）

〈資料4〉 その他のデータ

X1年度

　売上高売上原価率：X2年度と同率　　　負債の貸借対照表構成比率　70％

　発行済株式数　40百万株　　株価　600円

［固定資産の各項目（単位：百万円）］

　建物　1,800　　　長期貸付金　400　　　長期前払費用　200

　のれん　1,400　　土地　1,200　　投資有価証券　600

　車両運搬具　1,000　　ソフトウェア　400

［株主資本の各項目（単位：百万円）］

　資本金（　キ　　　）　　資本剰余金　1,040　　利益剰余金　2,500

　自己株式　△40

X2年度

　資産合計の対前年度伸び率　18％

　フリー・キャッシュ・フロー　2,160百万円　　正味運転資本　1,700

　発行済株式数　50百万株　　株価　550円

【問1】 〈資料1〉の空欄（　ア　）に当てはまる数値を選びなさい。

①　400　　②　1,000　　③　1,400　　④　1,800　　⑤　2,200

【問2】 〈資料1〉の空欄（ イ ）に当てはまる数値を選びなさい。

① 3,000　　② 3,900　　③ 4,000　　④ 4,900　　⑤ 11,900

【問3】 〈資料1〉の空欄（ ウ ）に当てはまる数値を選びなさい。

① 6,760　　② 8,060　　③ 8,260　　④ 18,760　　⑤ 20,060

【問4】 〈資料1〉の空欄（ エ ）に当てはまる数値を選びなさい。

① 3,800　　② 5,500　　③ 8,200　　④ 10,300　　⑤ 13,700

【問5】 〈資料2〉の空欄（ オ ）に当てはまる数値を選びなさい。

① 10,000　　② 15,000　　③ 20,000　　④ 25,000　　⑤ 35,000

【問6】 〈資料3〉の空欄（ カ ）に当てはまる数値を選びなさい。

① 1,700　　② 2,140　　③ 2,600　　④ 2,780　　⑤ 3,240

【問7】 〈資料4〉の空欄（ キ ）に当てはまる数値を選びなさい。

① 1,500　　② 1,540　　③ 2,500　　④ 5,040　　⑤ 5,100

【問8】 次の文章について，正誤の組み合わせとして正しいものを選びなさい。

（ア）X1年度からX2年度にかけて，売上高の伸び率より営業利益の伸び率の方が大きい。

（イ）当期純利益でみると，X1年度からX2年度にかけて増収増益である。

---

① （ア）正 （イ）正　　② （ア）正 （イ）誤

③ （ア）誤 （イ）正　　④ （ア）誤 （イ）誤

【問9】 次の文章について，正誤の組み合わせとして正しいものを選びなさい。

（ア）流動比率は，負債合計に対する流動資産の比率を示す指標である。

（イ）流動比率からみると，X1年度からX2年度にかけて短期の支払能力が低下しているといえる。

---

① （ア）正 （イ）正　　② （ア）正 （イ）誤

③ （ア）誤 （イ）正　　④ （ア）誤 （イ）誤

【問10】　次の文章について，正誤の組み合わせとして正しいものを選びなさい。

（ア）自己資本比率は，資金の源泉全体に占める自己資本の割合をいう。

（イ）自己資本比率からみると，X1年度からX2年度にかけて財政状態の安定性が高まったといえる。

①　（ア）正　（イ）正　　　②　（ア）正　（イ）誤
③　（ア）誤　（イ）正　　　④　（ア）誤　（イ）誤

【問11】　次の文章について，正誤の組み合わせとして正しいものを選びなさい。

（ア）総資本経常利益率からみると，X1年度からX2年度にかけて投資効率が悪化しているといえる。

（イ）総資本経常利益率は，売上高経常利益率，総資本回転率と財務レバレッジに分解することができる。

①　（ア）正　（イ）正　　　②　（ア）正　（イ）誤
③　（ア）誤　（イ）正　　　④　（ア）誤　（イ）誤

【問12】　次の文章について，正誤の組み合わせとして正しいものを選びなさい。

（ア）わが国の企業の場合，経常利益が業績利益とされてきたので，企業業績の良否の判断には，経常利益率が重視されてきた。

（イ）売上高経常利益率からみると，X1年度からX2年度にかけて売上高に対する経常利益の利幅は上昇した。

①　（ア）正　（イ）正　　　②　（ア）正　（イ）誤
③　（ア）誤　（イ）正　　　④　（ア）誤　（イ）誤

【問13】　次の文章について，正誤の組み合わせとして正しいものを選びなさい。

（ア）自己資本当期純利益率は，株主の出資に対する収益性を判断する指標である。

（イ）自己資本当期純利益率は，X1年度からX2年度にかけて低下した。

① （ア）正 （イ）正　　　② （ア）正 （イ）誤

③ （ア）誤 （イ）正　　　④ （ア）誤 （イ）誤

【問14】　次の文章について，正誤の組み合わせとして正しいものを選びなさい。

（ア）１株当たり当期純利益は，X1年度よりX2年度の方が大きい。

（イ）株価純資産倍率は，X1年度よりX2年度の方が低い。

① （ア）正 （イ）正　　　② （ア）正 （イ）誤

③ （ア）誤 （イ）正　　　④ （ア）誤 （イ）誤

【問15】　次の文章について，正誤の組み合わせとして正しいものを選びなさい。

（ア）時価総額とは，資本市場において投資者が値付けしている株価による
　　　企業の評価価値の総額をいう。

（イ）時価総額は，X1年度よりX2年度の方が大きい。

① （ア）正 （イ）正　　　② （ア）正 （イ）誤

③ （ア）誤 （イ）正　　　④ （ア）誤 （イ）誤

☞解答・解説116頁

問題6-5　第26回

　同業のＡ社とＢ社に関する〈資料１〉から〈資料４〉により，【問１】から【問12】の設問に答えなさい。分析にあたって，貸借対照表数値，発行済株式数，株価および従業員数は期末の数値を用いることとし，純資産を自己資本とみなす。△はマイナスを意味する。なお，計算にあたって端数が出る場合は，選択肢に示されている数値の桁数に応じて四捨五入するものとする。

〈資料1〉　貸借対照表　　　　　　　　　　　　　　　（単位：百万円）

	A社	B社
資産の部		
流動資産		
現金及び預金	2,100	2,350
受取手形	300	500
売掛金	（　ア　　　）	2,800
有価証券	720	300
商品	900	300
その他	80	50
流動資産合計	（　　　　）	6,300
固定資産		
有形固定資産		
建物	5,300	8,000
構築物	400	100
備品	（　　　　）	3,000
有形固定資産合計	（　　　　）	11,100
無形固定資産		
商標権	－	250
無形固定資産合計	－	250
投資その他の資産		
投資有価証券	550	200
長期前払費用	50	－
繰延税金資産	100	150
投資その他の資産合計	700	350
固定資産合計	（　　　　）	11,700
資産合計	14,000	18,000

	A社	B社
負債の部		
流動負債		
支払手形	1,000	800
買掛金	1,400	2,200
短期借入金	1,200	（　イ　　）
その他	400	500
流動負債合計	4,000	（　　　　）
固定負債		
長期借入金	1,200	800
退職給付引当金	300	200
固定負債合計	1,500	1,000
負債合計	5,500	（　　　　）
純資産の部		
株主資本		
資本金	7,000	10,000
資本剰余金	500	1,100
利益剰余金		
利益準備金	400	400
その他利益剰余金	550	900
利益剰余金合計	950	1,300
株主資本合計	8,450	12,400
評価・換算差額等		
その他有価証券評価差額金	50	（　　　　）
評価・換算差額等合計	50	（　　　　）
純資産合計	8,500	（　　　　）
負債純資産合計	14,000	18,000

〈資料2〉 損益計算書 (単位:百万円)

	A社	B社
売上高	20,000	30,000
売上原価	(ウ)	( )
売上総利益	( )	( )
販売費及び一般管理費	( )	2,600
営業利益	800	( )
営業外収益	250	140
営業外費用	50	240
経常利益	1,000	( )
特別利益	50	40
特別損失	50	340
税引前当期純利益	1,000	( )
法人税,住民税及び事業税	270	450
法人税等調整額	△70	△50
当期純利益	800	(エ)

〈資料3〉 キャッシュ・フロー計算書 (単位:百万円)

	A社	B社
営業活動によるキャッシュ・フロー	6,000	4,700
投資活動によるキャッシュ・フロー	△3,000	△3,500
財務活動によるキャッシュ・フロー	△1,500	500
現金及び現金同等物の増減額	1,500	1,700
現金及び現金同等物の期首残高	500	100
現金及び現金同等物の期末残高	2,000	1,800

〈資料4〉　その他のデータ

A社

　商品期首棚卸高　650百万円　　商品期末棚卸高　900百万円

　当期商品仕入高　17,000百万円　　流動比率　140%

　発行済株式数　10百万株　　1株株価　2,000円　　従業員数　200人

B社

　流動負債の貸借対照表構成比率　25%　　総資本経常利益率　10%

　発行済株式数　10百万株　　1株株価　2,500円　　従業員数　250人

【問1】　〈資料1〉の空欄（　ア　）に当てはまる数値を選びなさい。

①　1,300　　②　1,400　　③　1,500　　④　1,600　　⑤　1,700

【問2】　〈資料1〉の空欄（　イ　）に当てはまる数値を選びなさい。

①　800　　②　900　　③　1,000　　④　1,100　　⑤　1,200

【問3】　〈資料2〉の空欄（　ウ　）に当てはまる数値を選びなさい。

①　16,250　　②　16,500　　③　16,750　　④　17,000　　⑤　17,250

【問4】　〈資料2〉の空欄（　エ　）に当てはまる数値を選びなさい。

①　1,000　　②　1,100　　③　1,200　　④　1,300　　⑤　1,400

【問5】　A社のフリー・キャッシュ・フローを計算し，正しい数値を選びなさい。

①　1,000　　②　1,500　　③　2,000　　④　2,500　　⑤　3,000

【問6】　次の文章について，正誤の組み合わせとして正しいものを選びなさい。

（ア）売上高売上原価率（%）と粗利益率（%）を足すと，100%になる。

（イ）売上高売上原価率は，A社の方が良い。

①　（ア）正　（イ）正　　　②　（ア）正　（イ）誤

③　（ア）誤　（イ）正　　　④　（ア）誤　（イ）誤

【問7】　次の文章について，正誤の組み合わせとして正しいものを選びなさい。

（ア）自己資本比率は，貸借対照表における資金の運用側のバランスを見る
　　　安全性の指標の1つである。
（イ）自己資本比率は，A社の方が良い。

①　（ア）正　（イ）正　　　　②　（ア）正　（イ）誤
③　（ア）誤　（イ）正　　　　④　（ア）誤　（イ）誤

【問8】　次の文章について，正誤の組み合わせとして正しいものを選びなさい。

（ア）総資本営業利益率は，投下している資金総額で，本業での業績を表す
　　　営業利益をどれだけ稼いだかを示す指標である。
（イ）総資本営業利益率は，A社の方が良い。

①　（ア）正　（イ）正　　　　②　（ア）正　（イ）誤
③　（ア）誤　（イ）正　　　　④　（ア）誤　（イ）誤

【問9】　次の文章について，正誤の組み合わせとして正しいものを選びなさい。

（ア）自己資本当期純利益率は，株主の出資に対する安全性を判断するため
　　　の指標である。
（イ）自己資本当期純利益率は，A社の方が良い。

①　（ア）正　（イ）正　　　　②　（ア）正　（イ）誤
③　（ア）誤　（イ）正　　　　④　（ア）誤　（イ）誤

【問10】　次の文章について，正誤の組み合わせとして正しいものを選びなさい。

（ア）株価純資産倍率は，純資産の市場評価額が貸借対照表計上額よりも大
　　　きいと見込まれる場合には，1倍を上回る。
（イ）A社の株価純資産倍率は，B社より低い。

①　（ア）正　（イ）正　　　　②　（ア）正　（イ）誤
③　（ア）誤　（イ）正　　　　④　（ア）誤　（イ）誤

【問11】 次の文章について，正誤の組み合わせとして正しいものを選びなさい。

（ア）株価収益率は，投資者が今，株式を購入するとすれば，利益水準に対して株価が何倍であるかを示す指標である。

（イ）A社の株価収益率は，B社より高い。

① （ア）正 （イ）正　　　② （ア）正 （イ）誤
③ （ア）誤 （イ）正　　　④ （ア）誤 （イ）誤

【問12】 次の文章について，正誤の組み合わせとして正しいものを選びなさい。

（ア）従業員１人当たり売上高からみると，販売面の労働効率はA社の方が良い。

（イ）A社が同じ従業員数で売上高10％アップを実現したとすると，A社の従業員１人当たり売上高からみた販売効率はB社を上回る。

① （ア）正 （イ）正　　　② （ア）正 （イ）誤
③ （ア）誤 （イ）正　　　④ （ア）誤 （イ）誤

☞解答・解説119頁

問題 6 － 6　　第27回

　A社とB社に関する〈資料１〉から〈資料４〉により，【問１】から【問14】の設問に答えなさい。分析にあたって，貸借対照表数値，発行済株式数，株価および従業員数は期末の数値を用いることとし，純資産を自己資本とみなす。△はマイナスを意味する。なお，計算にあたって端数が出る場合は，小数点以下第２位を四捨五入するものとする。

〈資料1〉　貸借対照表　　　　　　　　　　　　　　　　　（単位：百万円）

	A社	B社
資産の部		
流動資産		
現金及び預金	3,000	2,000
受取手形	1,400	3,500
売掛金	3,500	4,000
有価証券	1,000	3,000
商品	（ ア ）	2,500
その他	1,100	1,000
流動資産合計	（ ）	16,000
固定資産		
有形固定資産		
建物	4,200	4,000
車両運搬具	（ ）	1,000
備品	2,800	3,200
有形固定資産合計	（ ）	8,200
無形固定資産		
のれん	1,300	300
ソフトウェア	1,065	800
無形固定資産合計	2,365	1,100
投資その他の資産		
投資有価証券	1,700	1,300
繰延税金資産	260	100
投資その他の資産合計	1,960	1,400
固定資産合計	（ ）	10,700
資産合計	24,750	26,700

	A社	B社
負債の部		
流動負債		
支払手形	2,500	1,000
買掛金	4,000	5,100
短期借入金	2,000	2,680
未払金	800	1,400
その他	900	500
流動負債合計	10,200	10,680
固定負債		
長期借入金	1,750	2,820
退職給付引当金	（　　　　）	550
固定負債合計	（　　　　）	3,370
負債合計	（　　　　）	14,050
純資産の部		
株主資本		
資本金	5,000	8,000
資本剰余金	（　　　　）	3,000
利益剰余金		
利益準備金	3,000	1,000
その他利益剰余金	1,900	500
自己株式	△100	－
株主資本合計	（　　　　）	12,500
評価・換算差額等		
その他有価証券評価差額金	300	150
評価・換算差額等合計	300	150
純資産合計	（　イ　　）	12,650
負債純資産合計	24,750	26,700

〈資料2〉 損益計算書 （単位：百万円）

	A社	B社
売上高	17,325	15,000
売上原価	13,860	12,000
売上総利益	3,465	3,000
販売費及び一般管理費	2,065	1,988
営業利益	1,400	1,012
営業外収益	300	（ ウ ）
営業外費用	700	（ ）
経常利益	1,000	（ ）
特別利益	150	（ ）
特別損失	220	（ ）
税引前当期純利益	930	（ エ ）
法人税，住民税及び事業税	350	260
法人税等調整額	（ ）	△110
当期純利益	700	（ ）

〈資料3〉 キャッシュ・フロー計算書 （単位：百万円）

	A社	B社
営業活動によるキャッシュ・フロー	2,500	2,800
投資活動によるキャッシュ・フロー	△2,000	△700
財務活動によるキャッシュ・フロー	1,500	△800
現金及び現金同等物の増減額	2,000	1,300
現金及び現金同等物の期首残高	1,000	700
現金及び現金同等物の期末残高	3,000	2,000

〈資料4〉 その他のデータ

A社

正味運転資本　2,800百万円　　1株当たり純資産　1,210円

発行済株式数　10百万株　　株価　1,000円　　従業員数　50人

B社

発行済株式数　10百万株　　株価　1,100円　　従業員数　45人

［営業外損益・特別損益の各項目］（単位：百万円）

固定資産売却益　140　　有価証券利息　58　　有価証券評価損　510

減損損失　100　　支払利息　130　　受取配当金　25

投資有価証券売却益　110　　有価証券評価益　45

【問1】 〈資料1〉の空欄（　ア　）に当てはまる数値を選びなさい。

① 2,000　　② 2,800　　③ 3,000　　④ 4,100　　⑤ 5,450

【問2】 〈資料1〉の空欄（　イ　）に当てはまる数値を選びなさい。

① 10,000　　② 10,300　　③ 11,800　　④ 12,100　　⑤ 12,400

【問3】 〈資料2〉の空欄（　ウ　）に当てはまる数値を選びなさい。

① 70　　② 83　　③ 103　　④ 128　　⑤ 238

【問4】 〈資料2〉の空欄（　エ　）に当てはまる数値を選びなさい。

① 550　　② 650　　③ 700　　④ 775　　⑤ 900

【問5】 次の文章について，正誤の組み合わせとして正しいものを選びなさい。

（ア）売上高営業利益率は，A社の方が良い。

（イ）売上高販売費及び一般管理費率は，A社の方が良い。

① （ア）正　（イ）正　　　② （ア）正　（イ）誤

③ （ア）誤　（イ）正　　　④ （ア）誤　（イ）誤

【問6】 次の文章について，正誤の組み合わせとして正しいものを選びなさい。

> （ア）法人税等調整額は，会計上と税務上の税額の差額を調整する項目である。
>
> （イ）A社の法人税等調整額は，△120百万円である。

① （ア）正 （イ）正　　② （ア）正 （イ）誤
③ （ア）誤 （イ）正　　④ （ア）誤 （イ）誤

【問7】 次の文章について，正誤の組み合わせとして正しいものを選びなさい。

> （ア）A社のキャッシュ・フロー計算書では，営業活動によるキャッシュと保有資産の売却により回収したキャッシュを，借入金の返済にあてていることがわかる。
>
> （イ）B社のキャッシュ・フロー計算書では，営業活動によるキャッシュを将来の事業計画のために投資するとともに借入金の返済にあてていることがわかる。

① （ア）正 （イ）正　　② （ア）正 （イ）誤
③ （ア）誤 （イ）正　　④ （ア）誤 （イ）誤

【問8】 次の文章について，正誤の組み合わせとして正しいものを選びなさい。

> （ア）当座比率は，安全性の分析指標である。
>
> （イ）A社の当座比率は，B社より低い。

① （ア）正 （イ）正　　② （ア）正 （イ）誤
③ （ア）誤 （イ）正　　④ （ア）誤 （イ）誤

82

【問9】 次の文章について，正誤の組み合わせとして正しいものを選びなさい。

> （ア）フリー・キャッシュ・フローは，営業活動によるキャッシュ・フローの範囲内で財務活動を行えば，資金の状況が安定するという考え方を反映した指標である。
>
> （イ）A社のフリー・キャッシュ・フローは，マイナスである。

① （ア）正 （イ）正 　　② （ア）正 （イ）誤

③ （ア）誤 （イ）正 　　④ （ア）誤 （イ）誤

【問10】 次の文章の空欄（　ア　）と（　イ　）に当てはまる数値と語句の適切な組み合わせを選びなさい。

> A社の総資本営業利益率は（　ア　）％であり，B社より（　イ　）。

① （ア）3.8 （イ）高い 　　② （ア）3.8 （イ）低い

③ （ア）5.7 （イ）高い 　　④ （ア）5.7 （イ）低い

【問11】 次の文章について，正誤の組み合わせとして正しいものを選びなさい。

> （ア）総資本回転率は，営業利益による総資本の回収の度合いを示す指標である。
>
> （イ）総資本回転率からみると，A社の方が投資効率が高い。

① （ア）正 （イ）正 　　② （ア）正 （イ）誤

③ （ア）誤 （イ）正 　　④ （ア）誤 （イ）誤

【問12】 次の文章について，正誤の組み合わせとして正しいものを選びなさい。

> （ア）財務レバレッジは，自己資本比率の逆数である。
>
> （イ）A社の財務レバレッジは，B社より高い。

① （ア）正 （イ）正 　　② （ア）正 （イ）誤

③ （ア）誤 （イ）正 　　④ （ア）誤 （イ）誤

【問13】 次の文章について，正誤の組み合わせとして正しいものを選びなさい。

（ア）株価収益率は，企業の利益水準に対して株価が相対的に高いか低いか
を判断する目安として用いられる指標である。

（イ）A社の株価収益率は，B社より高い。

① （ア）正 （イ）正　　② （ア）正 （イ）誤
③ （ア）誤 （イ）正　　④ （ア）誤 （イ）誤

【問14】 次の文章について，正誤の組み合わせとして正しいものを選びなさい。

（ア）従業員1人当たり売上高は，生産性分析の指標の1つであり，実数分
析に該当する。

（イ）A社の従業員1人当たり売上高は，B社より大きい。

① （ア）正 （イ）正　　② （ア）正 （イ）誤
③ （ア）誤 （イ）正　　④ （ア）誤 （イ）誤

☞解答・解説122頁

問題 6 － 7　第25回

A社とB社に関する〈資料1〉から〈資料5〉により，【問1】から【問
15】の設問に答えなさい。分析にあたって，貸借対照表数値，発行済株式数お
よび株価は期末の数値を用いることとし，純資産を自己資本とみなす。△はマ
イナスを意味する。

〈資料1〉 貸借対照表 （単位：百万円）

	A社	B社
資産の部		
流動資産		
現金及び預金	1,500	2,000
受取手形	（　ア　　）	200
売掛金	300	500
電子記録債権	1,000	400
有価証券	200	700
商品	550	660
その他	50	40
流動資産合計	（　　　）	4,500
固定資産		
有形固定資産		
建物	（　　　）	5,400
構築物	1,000	800
備品	2,900	2,100
有形固定資産合計	（　　　）	8,300
無形固定資産		
のれん	100	－
無形固定資産合計	100	－
投資その他の資産		
投資有価証券	300	500
長期前払費用	20	100
繰延税金資産	30	100
投資その他の資産合計	350	700
固定資産合計	（　　　）	9,000
繰延資産		
開発費	150	－
繰延資産合計	150	－
資産合計	（　　　）	13,500

85

	A社	B社
負債の部		
流動負債		
支払手形	500	800
買掛金	500	600
電子記録債務	1,100	900
短期借入金	800	1,100
その他	100	50
流動負債合計	3,000	3,450
固定負債		
長期借入金	( )	1,350
退職給付引当金	300	500
固定負債合計	( )	1,850
負債合計	( )	5,300
純資産の部		
株主資本		
資本金	( )	6,000
資本剰余金	1,000	500
利益剰余金		
利益準備金	200	1,000
その他利益剰余金	800	500
利益剰余金合計	1,000	1,500
自己株式	△250	–
株主資本合計	( )	8,000
評価・換算差額等		
その他有価証券評価差額金	50	170
評価・換算差額等合計	50	170
新株予約権	–	30
純資産合計	( )	8,200
負債純資産合計	( )	13,500

〈資料2〉 損益計算書　　　　　　　　　　　　　　　　（単位：百万円）

	A社	B社
売上高	15,000	20,000
売上原価	11,250	（　　　）
売上総利益	3,750	（　　　）
販売費及び一般管理費	2,750	（　イ　）
営業利益	1,000	（　　　）
営業外収益	200	（　　　）
営業外費用	500	（　　　）
経常利益	700	（　ウ　）
特別利益	100	（　　　）
特別損失	50	（　　　）
税引前当期純利益	750	（　　　）
法人税，住民税及び事業税	300	560
法人税等調整額	△50	△60
法人税等合計	250	（　　　）
当期純利益	500	（　　　）

〈資料3〉 キャッシュ・フロー計算書　　　　　　　　　（単位：百万円）

	A社	B社
営業活動によるキャッシュ・フロー	5,000	3,000
投資活動によるキャッシュ・フロー	100	（　エ　）
財務活動によるキャッシュ・フロー	△4,000	△800
現金及び現金同等物の増減額	1,100	（　　　）
現金及び現金同等物の期首残高	400	（　　　）
現金及び現金同等物の期末残高	1,500	2,000

〈資料4〉　その他のデータ

A社	負債の貸借対照表構成比率　29.6％ 流動資産の貸借対照表構成比率　32.0％ 正味運転資本　1,000百万円　　発行済株式数　10百万株 1株株価　3,000円
B社	売上高売上原価率　80.0％ フリー・キャッシュ・フロー　1,000百万円 発行済株式数　10百万株　　1株株価　2,000円

〈資料5〉　B社の販売費及び一般管理費・営業外損益・特別損益の各項目

(単位：百万円)

広告宣伝費　170	給料・賞与　2,050	福利厚生費　45	通信費　30
旅費交通費　60	租税公課　90	保険料　55	退職給付費用　65
支払利息　50	水道光熱費　20	有価証券利息　10	
固定資産売却益　50	有価証券売却益　120	投資有価証券売却益　100	
受取利息　5	有価証券評価益　140	受取配当金　20	
減価償却費　180	貸倒引当金繰入額　20	減損損失　210	

【問1】　〈資料1〉の空欄（　ア　）に当てはまる数値を選びなさい。

① 200　　② 300　　③ 400　　④ 500　　⑤ 600

【問2】　〈資料2〉の空欄（　イ　）に当てはまる数値を選びなさい。

① 2,705　　② 2,785　　③ 2,795　　④ 2,815　　⑤ 2,885

【問3】　〈資料2〉の空欄（　ウ　）に当てはまる数値を選びなさい。

① 1,360　　② 1,460　　③ 1,560　　④ 1,660　　⑤ 1,760

【問4】　〈資料3〉の空欄（　エ　）に当てはまる数値を選びなさい。

① △2,000　　② △1,800　　③ △1,500　　④ △1,200　　⑤ △800

【問5】 A社の前年度売上高は，12,500百万円であった。本年度の売上高の伸び率は（　オ　）％である。空欄（　オ　）に当てはまる数値を選びなさい。

① 10　　② 15　　③ 20　　④ 25　　⑤ 30

【問6】 次の文章について，正誤の組み合わせとして正しいものを選びなさい。

> （ア）売上高売上総利益率からみると，A社の方が商品の利幅が大きいと推定される。
>
> （イ）売上高販売費及び一般管理費率は，A社の方が良い。

① （ア）正　（イ）正　　　② （ア）正　（イ）誤

③ （ア）誤　（イ）正　　　④ （ア）誤　（イ）誤

【問7】 キャッシュ・フロー計算書に関する次の文章について，正誤の組み合わせとして正しいものを選びなさい。

> （ア）A社は，営業活動により生み出したキャッシュと投資活動により回収したキャッシュを借入金の返済などに充て，財務体質の改善に取り組んでいることがわかる。
>
> （イ）B社は，営業活動により生み出したキャッシュを，投資活動とともに借入金の返済などの財務活動に充てていることがわかる。

① （ア）正　（イ）正　　　② （ア）正　（イ）誤

③ （ア）誤　（イ）正　　　④ （ア）誤　（イ）誤

【問8】 次の文章について，正誤の組み合わせとして正しいものを選びなさい。

> （ア）安全性の指標は，主に貸借対照表の単表分析によって得ることができる。
>
> （イ）A社の流動比率は，133.3％である。

① （ア）正　（イ）正　　　② （ア）正　（イ）誤

③ （ア）誤　（イ）正　　　④ （ア）誤　（イ）誤

【問 9 】　次の文章について，正誤の組み合わせとして正しいものを選びなさい。

（ア）手元流動性と手元資金は同じ意味であり，支払手段としての流動的資金の額を表す。

（イ）Ａ社の手元流動性は，Ｂ社より少ない。

①　（ア）正　（イ）正　　　②　（ア）正　（イ）誤
③　（ア）誤　（イ）正　　　④　（ア）誤　（イ）誤

【問10】　次の文章について，正誤の組み合わせとして正しいものを選びなさい。

（ア）自己資本比率は，弁済を要する負債ではなく，弁済を要しない純資産が多い方が長期的に財政状態が安定しているという視点からの指標である。

（イ）Ａ社の自己資本比率は，Ｂ社より低い。

①　（ア）正　（イ）正　　　②　（ア）正　（イ）誤
③　（ア）誤　（イ）正　　　④　（ア）誤　（イ）誤

【問11】　次の文章について，正誤の組み合わせとして正しいものを選びなさい。

（ア）自己資本当期純利益率は，企業の投下資本総額に対する収益性を判断する指標である。

（イ）Ａ社の自己資本当期純利益率は，Ｂ社より良い。

①　（ア）正　（イ）正　　　②　（ア）正　（イ）誤
③　（ア）誤　（イ）正　　　④　（ア）誤　（イ）誤

【問12】　次の文章について，正誤の組み合わせとして正しいものを選びなさい。

（ア）自己資本利益率は，売上高当期純利益率と自己資本回転率と財務レバレッジの3要素に分解できる。

（イ）Ａ社の売上高当期純利益率は，Ｂ社より良い。

①　（ア）正　（イ）正　　　②　（ア）正　（イ）誤

③　（ア）誤　（イ）正　　　④　（ア）誤　（イ）誤

【問13】　次の文章について，正誤の組み合わせとして正しいものを選びなさい。

（ア）総資本回転率は，投下資本が流動資産で効率的に回収されているかどうかを示す指標である。

（イ）A社の総資本回転率は，B社より高い。

①　（ア）正　（イ）正　　　②　（ア）正　（イ）誤

③　（ア）誤　（イ）正　　　④　（ア）誤　（イ）誤

【問14】　次の文章について，正誤の組み合わせとして正しいものを選びなさい。

（ア）株価純資産倍率は，1株当たり株式時価が1株当たり純資産の何倍かを示す指標である。

（イ）A社の株価純資産倍率は，B社より低い。

①　（ア）正　（イ）正　　　②　（ア）正　（イ）誤

③　（ア）誤　（イ）正　　　④　（ア）誤　（イ）誤

【問15】　次の文章について，正誤の組み合わせとして正しいものを選びなさい。

（ア）時価総額は，資本市場において投資者が値付けしている株価による企業の評価価値の総額のことである。

（イ）A社の時価総額は，B社より大きい。

①　（ア）正　（イ）正　　　②　（ア）正　（イ）誤

③　（ア）誤　（イ）正　　　④　（ア）誤　（イ）誤

☞解答・解説125頁

問題 6 - 8　第26回

A社に関する〈資料1〉から〈資料6〉により，【問1】から【問16】の設問に答えなさい。分析にあたって，貸借対照表数値，発行済株式数および株価は期末の数値を用いることとし，純資産を自己資本とみなす。△はマイナスを意味する。なお，計算にあたって端数が出る場合は，選択肢に示されている数値の桁数に応じて四捨五入するものとする。

〈資料1〉　貸借対照表　　　　　　　　　　　　　　　　　（単位：百万円）

	X1年度	X2年度
資産の部		
流動資産		
現金及び預金	2,000	2,500
受取手形	（　ア　　）	400
売掛金	1,000	500
電子記録債権	2,000	3,000
（　　　　　　）	（　　　　　）	1,200
商品	630	500
その他	70	100
流動資産合計	（　　　　　）	8,200
固定資産		
有形固定資産		
建物	（　　　　　）	（　　　　　）
構築物	500	700
備品	2,000	3,000
有形固定資産合計	（　　　　　）	（　　　　　）
無形固定資産		
（　　　　　　）	（　　　　　）	－
無形固定資産合計	（　　　　　）	－
投資その他の資産		
（　　　　　　）	（　　　　　）	700
（　　　　　　）	（　　　　　）	100
繰延税金資産	200	300
投資その他の資産合計	（　　　　　）	1,100
固定資産合計	（　　　　　）	（　　　　　）
資産合計	17,500	（　　　　　）

92

	X1年度	X2年度
負債の部		
流動負債		
支払手形	1,800	1,000
買掛金	1,400	1,200
（　　　　　）	（　　　　）	1,300
短期借入金	2,000	3,000
その他	500	500
流動負債合計	（　　　　）	7,000
固定負債		
長期借入金	1,500	1,600
（　　　　　）	（　　　　）	550
固定負債合計	（　　　　）	2,150
負債合計	（　　　　）	9,150
純資産の部		
株主資本		
資本金	（　　　　）	（　　　　）
資本剰余金	500	500
利益剰余金		
利益準備金	300	400
その他利益剰余金	600	700
利益剰余金合計	900	1,100
自己株式	△500	－
株主資本合計	（　　　　）	（　　　　）
評価・換算差額等		
その他有価証券評価差額金	100	200
評価・換算差額等合計	100	200
新株予約権	－	50
純資産合計	8,800	（　　　　）
負債純資産合計	17,500	（　　　　）

〈資料2〉 損益計算書 (単位：百万円)

	X1年度	X2年度
売上高	20,000	(イ)
売上原価	( )	( )
売上総利益	( )	( )
販売費及び一般管理費	(ウ)	5,360
営業利益	( )	( )
営業外収益	( )	560
営業外費用	( )	500
経常利益	( )	( )
特別利益	( )	100
特別損失	( )	200
税引前当期純利益	( )	( )
法人税，住民税及び事業税	680	730
法人税等調整額	△80	△70
当期純利益	(エ)	( )

〈資料3〉 キャッシュ・フロー計算書 (単位：百万円)

	X1年度	X2年度
営業活動によるキャッシュ・フロー	3,500	4,500
投資活動によるキャッシュ・フロー	( )	△4,600
財務活動によるキャッシュ・フロー	(オ)	600
現金及び現金同等物の増減額	( )	500
現金及び現金同等物の期首残高	1,000	2,000
現金及び現金同等物の期末残高	( )	2,500

〈資料4〉 X1年度の貸借対照表の空欄の各項目 (単位：百万円)

有価証券　800　　電子記録債務　1,000　　のれん　100

投資有価証券　600　　長期前払費用　100　　退職給付引当金　500

〈資料5〉 X1年度の損益計算書における販売費及び一般管理費・営業外損益・
　　　　 特別損益の各項目　　　　　　　　　　　　　　　　（単位：百万円）

広告宣伝費　570	給料・賞与　2,550	福利厚生費　80	通信費　50
旅費交通費　110	租税公課　400	保険料　55	退職給付費用　135
支払利息　50	水道光熱費　60	投資有価証券売却益　50	
固定資産売却益　50	有価証券売却益　445	受取配当金　25	
減価償却費　160	有価証券評価損　250	有価証券利息　30	
研究開発費　30	減損損失　100		

〈資料6〉　その他のデータ

X1年度	売上高売上総利益率　30% 流動資産の貸借対照表構成比率　40% フリー・キャッシュ・フロー　1,500百万円 発行済株式数　10百万株　　1株株価　2,000円
X2年度	売上高売上原価率　80%　　　総資本回転率　2回 売上高の伸び率　90%　　　発行済株式数　12百万株 1株株価　2,500円

【問1】　〈資料1〉の空欄（　ア　）に当てはまる数値を選びなさい。

　①　300　　②　400　　③　500　　④　600　　⑤　700

【問2】　〈資料2〉の空欄（　イ　）に当てはまる数値を選びなさい。

　①　28,000　　②　38,000　　③　48,000　　④　58,000　　⑤　68,000

【問3】　〈資料2〉の空欄（　ウ　）に当てはまる数値を選びなさい。

　①　3,575　　②　3,710　　③　4,110　　④　4,170　　⑤　4,200

【問4】　〈資料2〉の空欄（　エ　）に当てはまる数値を選びなさい。

　①　1,200　　②　1,300　　③　1,400　　④　1,500　　⑤　1,600

【問5】〈資料3〉の空欄（　オ　）に当てはまる数値を選びなさい。

① △2,000　　② △1,500　　③ △500　　④ 1,000　　⑤ 5,000

【問6】　次の文章について，正誤の組み合わせとして正しいものを選びなさい。

（ア）キャッシュ・フロー計算書の営業活動によるキャッシュ・フローの区
　　　分について，直接法と間接法のいずれの方法を採用しても，営業活動
　　　によるキャッシュ・フローの金額は同じである。
（イ）X2年度のキャッシュ・フロー計算書からみると，営業活動により生み
　　　出したキャッシュ以上の投資を行うために，銀行借入れなどの財務活
　　　動によりキャッシュを調達している。

① （ア）正　（イ）正　　　② （ア）正　（イ）誤
③ （ア）誤　（イ）正　　　④ （ア）誤　（イ）誤

【問7】　次の文章について，正誤の組み合わせとして正しいものを選びなさい。

（ア）伸び率は，マイナスの値になることはない。
（イ）X2年度の短期借入金の対前年度比率は，50％である。

① （ア）正　（イ）正　　　② （ア）正　（イ）誤
③ （ア）誤　（イ）正　　　④ （ア）誤　（イ）誤

【問8】　次の文章について，正誤の組み合わせとして正しいものを選びなさい。

（ア）X1年度からX2年度にかけて，増収増益である。
（イ）X2年度の経常利益が10％の伸び率を今後2年間継続したとすると，X
　　　4年度の経常利益は2,760百万円になる。

① （ア）正　（イ）正　　　② （ア）正　（イ）誤
③ （ア）誤　（イ）正　　　④ （ア）誤　（イ）誤

【問9】 次の文章について，正誤の組み合わせとして正しいものを選びなさい。

（ア）正味運転資本がプラスの場合，流動比率は100％を下回る。

（イ）正味運転資本は，X1年度からX2年度にかけて増加している。

① （ア）正 （イ）正　　　② （ア）正 （イ）誤
③ （ア）誤 （イ）正　　　④ （ア）誤 （イ）誤

【問10】 次の文章について，正誤の組み合わせとして正しいものを選びなさい。

（ア）当座資産には，棚卸資産のように販売もしくは製造して販売しないと資金にならないものも含んでいる。

（イ）当座比率からみると，短期の支払能力はX2年度の方が高い。

① （ア）正 （イ）正　　　② （ア）正 （イ）誤
③ （ア）誤 （イ）正　　　④ （ア）誤 （イ）誤

【問11】 次の文章について，正誤の組み合わせとして正しいものを選びなさい。

（ア）手元流動性は手元資金ともいわれ，短時日の支払手段の金額を示す指標である。

（イ）X2年度の手元流動性は，X1年度より小さい。

① （ア）正 （イ）正　　　② （ア）正 （イ）誤
③ （ア）誤 （イ）正　　　④ （ア）誤 （イ）誤

【問12】 次の文章について，正誤の組み合わせとして正しいものを選びなさい。

（ア）総資本経常利益率は，売上高経常利益率と総資本回転率に分解できる。

（イ）X2年度の総資本経常利益率は，X1年度より低い。

① （ア）正 （イ）正　　　② （ア）正 （イ）誤
③ （ア）誤 （イ）正　　　④ （ア）誤 （イ）誤

【問13】　次の文章について，正誤の組み合わせとして正しいものを選びなさい。

（ア）売上高経常利益率は，X1年度からX2年度にかけて改善した。

（イ）総資本回転率からみると，X2年度の方が投資効率が高い。

①　（ア）正　（イ）正　　　②　（ア）正　（イ）誤

③　（ア）誤　（イ）正　　　④　（ア）誤　（イ）誤

【問14】　次の文章について，正誤の組み合わせとして正しいものを選びなさい。

（ア）財務レバレッジは，自己資本当期純利益率の分母と分子を入れ替えた逆数で示される。

（イ）X2年度の財務レバレッジは，X1年度より高い。

①　（ア）正　（イ）正　　　②　（ア）正　（イ）誤

③　（ア）誤　（イ）正　　　④　（ア）誤　（イ）誤

【問15】　次の文章について，正誤の組み合わせとして正しいものを選びなさい。

（ア）1株当たり当期純利益は，発行済株式数が多ければ大きくなる。

（イ）X2年度の1株当たり当期純利益は，X1年度より小さい。

①　（ア）正　（イ）正　　　②　（ア）正　（イ）誤

③　（ア）誤　（イ）正　　　④　（ア）誤　（イ）誤

【問16】　次の文章について，正誤の組み合わせとして正しいものを選びなさい。

（ア）時価総額は，もし株価が今のままの状態で会社の発行済株式の全量を買い取るとすれば，いくらになるかの指標である。

（イ）X2年度の時価総額は，X1年度より大きい。

①　（ア）正　（イ）正　　　②　（ア）正　（イ）誤

③　（ア）誤　（イ）正　　　④　（ア）誤　（イ）誤

☞解答・解説128頁

解答・解説

第1章 「財務諸表」とは

問題1-1　⑤

以下の文章になります。

株主や（債権者）などのさまざまな（ステークホルダー）に対して，企業が財務諸表などによって情報を（開示）することを（ディスクロージャー）という。

　…▷［テキスト］第1章第1節参照

問題1-2　③

（ア）会社法の説明です。

　…▷［テキスト］第1章第3節参照

問題1-3　⑤

個別注記表は含まれません。

　…▷［テキスト］第1章第3節参照

問題1-4　②

（イ）会社法は，主に株主・債権者の保護を目的としています。

　…▷［テキスト］第1章第3節参照

問題1-5　③

損益計算書，株主資本等変動計算書，個別注記表が該当します。

　…▷［テキスト］第1章第3節参照

問題1-6

【問1】　①

以下の文章になります。

（ア　会社法）は主に（株主・債権者）の保護を目的としており，(a) 計算書類の公開を義務づけている。また，（金融商品取引法）は主に（イ　投資者）の保護を目的としており，(b) 財務諸表の公開を義務づけている。

【問2】　②

イ，エが該当します。

　…▷［テキスト］【問1】【問2】第1章第3節参照

99

第2章　貸借対照表

問題2－1　　④

（ア）貸借対照表は，ある一定時点における企業の財政状態を表示したものです。

（イ）勘定式の貸借対照表では，右側に資金の調達源泉が，左側にその資金の運用形態が示されています。

⋯❯［テキスト］第2章第1節❶参照

問題2－2　　④

イ，エが正しい。

ア．一定時点の財政状態を示しています。

ウ．勘定式の貸借対照表では，負債と純資産は右側に表示されます。

⋯❯［テキスト］第2章第1節❶❷参照

問題2－3　　③

（ア）流動性配列法では，流動性の高い項目から順に配列されます。

⋯❯［テキスト］第2章第1節❸参照

問題2－4　　③

（ア）正常営業循環基準で流動資産に分類されなかった資産にはさらにワンイヤー・ルールを適用し，該当するものは流動資産に分類されます。

⋯❯［テキスト］第2章第1節❸参照

問題2－5　　①

ウのみ正しい。

ア，イ，エは，時価に関する説明です。

オ．資産の購入価額に付随費用を加えた金額が取得原価となります。

⋯❯［テキスト］第2章第2節❷参照

問題2－6　　②

（イ）金融資産は，原則として時価で評価します。

⋯❯［テキスト］第2章第1節❸，第2節❷参照

問題2－7　　②

ウは有形固定資産，オは流動負債に該当します。

⋯❯［テキスト］第2章第2節❸参照

問題2－8　　②

（イ）貸倒引当金は，受取手形や売掛金から控除する形式で表示したり（流動資産の区分に表示されます），その控除後の金額で受取手形や売掛金を表示します。

⋯❯［テキスト］第2章第2節❸参照

問題2－9　　④

⋯❯［テキスト］第2章第2節❸参照

問題2－10　　④

（ア）時価の変動により利益を得ることを目的として保有する有価証券とは売買目

的有価証券であり，有価証券として流動資産に記載されます。

（イ）関係会社株式は，固定資産（投資その他の資産）に記載されます。

⋯⟩〔テキスト〕第2章第2節❸参照

問題2−11 ②

建設仮勘定，土地が該当します。

投資有価証券は投資その他の資産，仕掛品は流動資産，ソフトウェアは無形固定資産に該当します。

⋯⟩〔テキスト〕第2章第2節❹参照

問題2−12 ①

⋯⟩〔テキスト〕第2章第2節❹参照

問題2−13 ④

（ア）土地は，減価償却を行いません。

（イ）定率法を用いると，初期の減価償却費は大きく，次第に小さくなります。

⋯⟩〔テキスト〕第2章第2節❹参照

問題2−14 ①

⋯⟩〔テキスト〕第2章第2節❹参照

問題2−15 ②

無形固定資産30＝ソフトウェア20＋商標権10

建設仮勘定は有形固定資産，新株予約権は純資産，開発費は繰延資産に該当します。

⋯⟩〔テキスト〕第2章第2節❹参照

問題2−16 ⑤

アは流動資産，イは投資その他の資産，エは繰延資産に該当します。

⋯⟩〔テキスト〕第2章第2節❹参照

問題2−17 ③

（ア）流動資産に表示されます。

⋯⟩〔テキスト〕第2章第2節❸❹参照

問題2−18 ③

長期前払費用，繰延税金資産，長期貸付金が該当します。

土地は有形固定資産，創立費は繰延資産に該当します。

⋯⟩〔テキスト〕第2章第2節❹参照

問題2−19 ③

（ア）受け入れた純資産の額を上回る額です。

⋯⟩〔テキスト〕第2章第2節❹❺参照

問題2−20 ②

（イ）貸借対照表において，資産は，流動資産，固定資産，繰延資産に区分して表示されます。

⋯⟩〔テキスト〕第2章第1節❸，第2節❺参照

101

問題 2 −21　④

（ア）未払金として計上されます。

（イ）前受金として計上されます。

　　‥▷［テキスト］第 2 章第 3 節❷参照

問題 2 −22　②

流動負債85＝支払手形60＋未払法人税等15＋前受収益10

長期借入金は固定負債，未収入金は流動資産に該当します。

貸倒引当金については【問題 2 − 8 】の解説参照。

　　‥▷［テキスト］第 2 章第 3 節❷参照

問題 2 −23　⑤

アは流動資産，エは固定負債に該当します。

　　‥▷［テキスト］第 2 章第 3 節❷参照

問題 2 −24　①

ウ，オは流動資産に該当します。

　　‥▷［テキスト］第 2 章第 3 節❷参照

問題 2 −25　④

（ア）正常営業循環基準で流動資産に分類されなかった負債には，さらにワンイ
　　　ヤー・ルールを適用し，該当するものは流動負債に分類されます。

（イ）長期前払費用は，固定資産の投資その他の資産に含まれます。

　　‥▷［テキスト］第 2 章第 3 節❶，第 2 節❹参照

問題 2 −26　⑤

ア（未払法人税等）は流動負債，イ（その他有価証券）は固定資産（投資その他の
資産）に該当します。

　　‥▷［テキスト］第 2 章第 3 節❸参照

問題 2 −27　③

（ア）留保利益（利益剰余金）も含まれます。

　　‥▷［テキスト］第 2 章第 4 節❷参照

問題 2 −28　①

　　‥▷［テキスト］第 2 章第 4 節❷参照

問題 2 −29　①

株主資本1,150＝資本金300＋資本剰余金400＋利益剰余金500＋自己株式△50

関係会社株式は固定資産（投資その他の資産），新株予約権は純資産，その他有価
証券評価差額金は評価・換算差額等に該当します。

　　‥▷［テキスト］第 2 章第 4 節参照

問題 2 −30　④

（ア）資本金の 4 分の 1 に達するまで積み立てたものです。

（イ）損益計算書には計上されず，貸借対照表（評価・換算差額等）に計上されま
　　　す。

102

⋯▷ ［テキスト］第2章第4節❷❸参照

問題2－31 ④

（ア）評価・換算差額等の区分に表示されます。

⋯▷ ［テキスト］第2章第4節❸❹参照

問題2－32

【問1】 ③

流動資産1,350＝現金及び預金200＋受取手形350＋売掛金250

＋売買目的有価証券150＋商品350＋前払費用50

【問2】 ③

有形固定資産1,250＝建物450＋機械装置300＋車両運搬具150＋土地200

＋建設仮勘定150

【問3】 ②

固定負債750＝社債350＋長期借入金250＋退職給付引当金150

【問4】 ①

株主資本1,580＝資本金650＋資本剰余金750＋利益剰余金300－自己株式120

⋯▷ ［テキスト］【問1】第2章第4節❷参照 【問2】第2章第2節❹参照

【問3】第2章第3節❸参照 【問4】第2章第4節❷参照

解答・解説

第3章　損益計算書

問題3－1　③

（ア）本業のもうけを示しているのは，営業利益です。

⋯▷［テキスト］第3章第1節❹❺参照

問題3－2　②

（イ）純額ではなく総額で記載します。

⋯▷［テキスト］第3章第1節❸❻参照

問題3－3　④

以下の文章になります。

費用収益対応の原則により，（　実現主義　）にもとづく収益と（ ア　発生主義　）にもとづく費用を対応させて，当期の利益が計算される。

収益と費用の対応には（　個別的対応　）と（ イ　期間的対応　）があるが，売上高と販売費及び一般管理費の対応は（ イ　期間的対応　）にあたる。

⋯▷［テキスト］第3章第2節❹参照

問題3－4　③

（ア）発生主義により計上されます。

⋯▷［テキスト］第3章第2節❷❹参照

問題3－5　①

⋯▷［テキスト］第3章第3節❶❸参照

問題3－6　②

売上原価3,000＝売上高5,000－売上総利益2,000

売上原価3,000＝商品期首棚卸高700＋当期商品仕入高2,800－商品期末棚卸高より，

商品期末棚卸高500

⋯▷［テキスト］第3章第3節❸参照

問題3－7　④

（ア）粗利益と呼ばれるのは，売上総利益です。

（イ）経常利益は，経営努力の成果を示す指標です。

⋯▷［テキスト］第3章第3節❶，第4節❶参照

問題3－8　③

（ア）火災保険の保険料は，販売費及び一般管理費に含まれます。

⋯▷［テキスト］第3章第4節❷参照

問題3－9

【問1】　③　　【問2】　①

以下のような損益計算書（部分）になります。

売上高	3,500

売上原価	2,800	（商品期首棚卸高300＋当期商品仕入高2,900 －商品期末棚卸高400）
売上総利益	700	
販売費及び一般管理費	285	（給料150＋研究開発費35＋減価償却費60 ＋広告宣伝費30＋退職給付費用10）
営業利益	415	

⋯▷ ［テキスト］【問1】第3章第3節❶❸参照　【問2】第3章第4節❶❷参照

問題3－10　　③

（ア）営業外費用とは，本業以外の財務活動や投資活動などによる費用です。

⋯▷ ［テキスト］第3章第5節❸参照

問題3－11　　②

営業外収益30＝有価証券評価益15＋受取利息10＋有価証券利息5

社債利息は営業外費用，投資有価証券売却益と固定資産売却益は特別利益に該当します。

⋯▷ ［テキスト］第3章第5節❷参照

問題3－12　　①

⋯▷ ［テキスト］第3章第5節❸参照

問題3－13　　③

営業外費用80＝社債利息30＋有価証券評価損10＋支払利息40

有価証券利息は営業外収益，固定資産売却損と投資有価証券売却損は特別損失に該当します。

⋯▷ ［テキスト］第3章第5節❸参照

問題3－14　　③

ア，イ，オが該当します。

ウは特別利益，エは営業外収益に該当します。

⋯▷ ［テキスト］第3章第5節❷，第6節❷参照

問題3－15　　①

⋯▷ ［テキスト］第3章第6節❸参照

問題3－16

【問1】　②

営業利益＋営業外収益40（受取利息10＋有価証券利息30）－営業外費用25（支払利息10＋有価証券売却損15）＝経常利益220より，営業利益205

【問2】　②

税引前当期純利益185＝経常利益220＋特別利益15（投資有価証券売却益15）－特別損失50（減損損失30＋固定資産売却損20）

研究開発費，減価償却費は販売費及び一般管理費に該当します。

⋯▷ ［テキスト］【問1】第3章第5節参照　【問2】第3章第6節参照

問題 3 −17　　②

（イ）法人税等調整額は，プラスの金額になることもマイナスの金額になることも
あります。

⋯⟩［テキスト］第 3 章第 7 節❶❸参照

問題 3 −18　　②

（イ）税効果会計により，貸借対照表に繰延税金資産が計上されます。

⋯⟩［テキスト］第 3 章第 7 節❸参照

問題 3 −19　　②

⋯⟩［テキスト］第 3 章第 7 節❷参照

問題 3 −20　　⑤

⋯⟩［テキスト］第 3 章第 1 節❶❸，第 2 節❷，第 5 節❶，第 7 節❸参照

問題 3 −21

【問 1 】　④　　【問 2 】　①

アからキは，以下のように計上されます。

損益計算書

販売費及び一般管理費	イ．広告宣伝費 オ．退職給付費用
営業外収益	カ．有価証券評価益 キ．受取利息
営業外費用	エ．支払利息
特別利益	ウ．投資有価証券売却益
特別損失	ア．固定資産売却損

⋯⟩［テキスト］【問 1 】第 3 章第 4 節❷参照　【問 2 】第 3 章第 6 節❷参参照

問題 3 −22

【問 1 】　④

【問 2 】　④

ア（租税公課），イ（減価償却費），オ（保険料），キ（不動産賃借料）が該当します。

【問 3 】　②

ウ（支払利息），ケ（社債利息）が該当します。

【問 4 】　③

エ（災害による損失），カ（減損損失），ク（固定資産売却損）が該当します。

⋯⟩［テキスト］【問 1 】第 3 章第 4 節❷参照　【問 2 】第 3 章第 4 節❷参照
　　　　　　　【問 3 】第 3 章第 5 節❸参照　【問 4 】第 3 章第 6 節❸参照

第4章　キャッシュ・フロー計算書

問題4−1　②
　⋯〉［テキスト］第4章第1節❶❹参照

問題4−2　②
　⋯〉［テキスト］第4章第1節❹参照

問題4−3　③
　ア，ウ，エが正しい。
　⋯〉［テキスト］第4章第1節❹参照

問題4−4　①
　⋯〉［テキスト］第4章第2節❶❹参照

問題4−5　①
　⋯〉［テキスト］第4章第4節❶参照

問題4−6　③
　⋯〉［テキスト］第4章第4節❶参照

問題4−7　④
　イ，オが該当します。
　ア，ウ，エは，財務活動によるキャッシュ・フローに該当します。
　⋯〉［テキスト］第4章第4節❷参照

問題4−8　③
　自己株式の取得による支出は，財務活動によるキャッシュ・フローの区分に記載されます。
　⋯〉［テキスト］第4章第4節❶❷❸参照

問題4−9　⑤
　ア，ウは，投資活動によるキャッシュ・フローに該当します。
　⋯〉［テキスト］第4章第4節❸参照

問題4−10

【問1】　①　　【問2】　④　　【問3】　⑤　　【問4】　②　　【問5】　③
　⋯〉［テキスト］第4章第4節❺参照

解答・解説

第5章　財務諸表分析

問題5－1　④
　⋯▷［テキスト］第5章第2節❷参照

問題5－2　②
　⋯▷［テキスト］第5章第2節❷参照

問題5－3

【問1】　③
　売上債権290＝売掛金190＋受取手形100

【問2】　②
　純資産1,300＝資本金500＋資本剰余金600＋利益剰余金280＋自己資本△100＋その
　他有価証券評価差額金20

【問3】　④
　流動負債1,050＝支払手形210＋買掛金150＋短期借入金410＋未払金280
　固定負債650＝社債450＋長期借入金200

　流動負債の貸借対照表構成比率35（％）＝ $\dfrac{流動負債1,050}{負債純資産合計3,000}$ ×100

【問4】　③
　手元資金210＝現金及び預金150＋有価証券60
　　⋯▷［テキスト］【問1】第5章第5節参照　【問2】第2章第4節参照
　　　　　　　　　　【問3】第5章第5節❶参照　【問4】第5章第7節❸参照

問題5－4

【問1】　④
　販売費及び一般管理費390＝広告宣伝費50＋給料150＋退職給付費用20＋販売手数料
　40＋租税公課20＋減価償却費110

【問2】　③
　営業外費用60＝支払利息30＋有価証券売却損30

【問3】　①

　売上高経常利益率12（％）＝ $\dfrac{経常利益180}{売上高1,500}$ ×100

　　⋯▷［テキスト］【問1】第3章第4節❷参照　【問2】第第3章第5節❸参照
　　　　　　　　　　【問3】第5章第5節❷参照

問題5－5　④
　（ア）3年後の売上高172.8＝100×（1＋0.2）^{3}
　　⋯▷［テキスト］第5章第6節❷❸参照

問題 5－6

【問1】　③

営業利益の対前年度比率133.3(％) $= \dfrac{\text{X2年度営業利益800}}{\text{X1年度営業利益600}} \times 100$

売上高の対前年度比率120.0(％) $= \dfrac{\text{X2年度売上高6,000}}{\text{X1年度売上高5,000}} \times 100$

【問2】　④

（ア）売上高販売費及び一般管理費率

X1年度19.0(％) $= \dfrac{\text{販売費及び一般管理費950}}{\text{売上高5,000}} \times 100$

X2年度16.7(％) $= \dfrac{\text{販売費及び一般管理費1,000}}{\text{売上高6,000}} \times 100$

（イ）当期純利益の伸び率：25.0(％) $= \dfrac{\text{X2年度当期純利益400}}{\text{X1年度当期純利益320}} \times 100 - 100$

　　X4年度当期純利益625＝X2年度当期純利益400×{ 1 ＋伸び率0.25(25％)}²

　⋯≫ ［テキスト］【問1】第5章第6節❶参照　【問2】第5章第5節❷，第6節❸参照

問題 5－7　　④

　⋯≫ ［テキスト］第5章第7節❸参照

問題 5－8　　④

　以下の文章になります。

　正味運転資本が（ ア　マイナス ）の場合，流動比率は100％を下回る。また，棚卸資産が多額にあると，流動比率は（ 高い ）が，当座比率は（ イ　低い ）という状況になる。

　⋯≫ ［テキスト］第5章第7節❷❹参照

問題 5－9　　③

　⋯≫ ［テキスト］第5章第7節❺参照

問題 5－10

【問1】　③

・固定負債の貸借対照表構成比30(％)＝100－自己資本比率45(％)－流動負債の貸借対照表構成比25(％)

・固定負債の貸借対照表構成比30(％) $= \dfrac{\text{固定負債}}{\text{資産合計2,000}} \times 100$ より，固定負債600

【問2】　④

・流動負債の貸借対照表構成比25(％) $= \dfrac{\text{流動負債}}{\text{資産合計2,000}} \times 100$ より，流動負債500

・正味運転資本300＝流動資産－流動負債500より，流動資産800

・流動比率160(％) $= \dfrac{\text{流動資産800}}{\text{流動負債500}} \times 100$

⋯▷［テキスト］【問1】第5章第5節❶，第5章第7節❺参照

　　　　　　　　【問2】第5章第5節❶，第5章第7節❶❷参照

問題5-11　　③

⋯▷［テキスト］第5章第9節❹参照

問題5-12　　②

⋯▷［テキスト］第5章第9節❹参照

問題5-13　　①

・売上高当期純利益率10（％）＝ $\dfrac{\text{当期純利益}}{\text{売上高9,000}}$ ×100より，当期純利益900

・自己資本利益率45（％）＝ $\dfrac{\text{当期純利益900}}{\text{資産合計4,500}-\text{負債合計2,500}}$ ×100

・総資本回転率2.0（回）＝ $\dfrac{\text{売上高9,000}}{\text{資産合計4,500}}$

・財務レバレッジ225（％）＝ $\dfrac{\text{総資本4,500}}{\text{自己資本2,000}}$ ×100

⋯▷［テキスト］第5章第9節❹参照

問題5-14　　⑤

⋯▷［テキスト］第5章第9節❹参照

問題5-15　　②

⋯▷［テキスト］第5章第10節❶参照

問題5-16

【問1】　②　　【問2】　③　　【問3】　⑤

①自己資本利益率についての説明です。

④株価純資産倍率についての説明です。

⋯▷［テキスト］第5章第10節❷❸❺参照

問題5-17　　①

⋯▷［テキスト］第5章第11節参照

問題5-18

【問1】　②

・現金及び現金同等物の増減額415＝現金及び現金同等物の期末残高1,900（＝貸借
　対照表の現金及び預金）－現金及び現金同等物の期首残高1,485

・現金及び現金同等物の増減額415＝営業活動によるキャッシュ・フロー385＋投資
　活動によるキャッシュ・フロー280＋財務活動によるキャッシュ・フローより，
　財務活動によるキャッシュ・フロー△250

【問2】　②

（イ）フリー・キャッシュ・フロー665＝営業活動によるキャッシュ・フロー385＋
　投資活動によるキャッシュ・フロー280

110

【問3】　①

（イ）・当座資産8,300＝流動資産9,030－商品730

　　　・当座比率91.2（％）＝ $\dfrac{\text{当座資産8,300}}{\text{流動負債9,100}} \times 100$

【問4】　②

（イ）手元資金3,000＝現金及び預金1,900＋有価証券1,100

【問5】　④

（ア）自己資本比率は，貸借対照表における資金の源泉側のバランスを見る指標です。

【問6】　③

（ア）総資本経常利益率は，売上高経常利益率と総資本回転率に分解できます。

　┄▷［テキスト］【問1】第4章第3節❷参照　【問2】第5章第8節❷参照

　　　　　　　　【問3】第5章第7節❹参照　【問4】第5章第7節❸参照

　　　　　　　　【問5】第5章第7節❺参照　【問6】第5章第9節❹参照

解答・解説

111

第6章 総合問題

問題6-1

【問1】 ⑤ 【問2】 ② 【問3】 ④ 【問4】 ③ 【問5】 ③

【問6】 ④ 【問7】 ① 【問8】 ⑤ 【問9】 ② 【問10】 ③

【問11】 ④ 【問12】 ③ 【問13】 ① 【問14】 ①

【問1】

流動資産1,800 = 現金及び預金600 + 受取手形400 + 売掛金400 + 有価証券300 + 棚卸
資産100

【問2】

流動負債1,200 = 支払手形300 + 買掛金300 + 短期借入金290 + 未払金110 + 預り金90
+ 前受収益110

【問3】

投資活動によるキャッシュ・フロー△60 = 有形固定資産の取得による支出△100 +
無形固定資産の取得による支出△80 + 有価証券の売却による収入120

【問4】

財務活動によるキャッシュ・フロー△140 = 株式発行による収入60 + 自己株式の取
得による支出△50 + 配当金の支払い△60 + 社債の償還による支出△90

【問5】

（ア）・資産合計の伸び率 = 25.0（%）

・売上高の伸び率 = 7.4（%）

【問6】

（ア）〈X1年度〉

・売上総利益率20（%） = 100 - 売上原価率80

・売上原価率80（%） = $\dfrac{売上原価}{売上高5,400} \times 100$ より，売上原価4,320

〈X2年度・仮定条件時〉

・売上原価率75（%） = 100 - 売上総利益率25（X1年度売上総利益率20 + 5）

・売上原価率75（%） = $\dfrac{売上原価}{売上高5,800} \times 100$ より，売上原価4,350

以上より，売上原価をX1年度より下げなくても（X1年度からの売上原価の上昇が
30までなら），売上総利益率25%を達成できたということになります。

（イ）X3年度営業利益の伸び率10.0（%） = $\dfrac{X3年度営業利益}{X2年度営業利益220} \times 100 - 100$ より，

X3年度営業利益242

各指標は，以下のとおりです。

	指標	X1年度	X2年度
【問7】	正味運転資本(百万円)	600	900
【問8】	当座比率(%)	141.7	
	・当座資産(百万円)	1,700	
	流動比率(%)	150.0	
【問9】	フリー・キャッシュ・フロー(百万円)	220	△140
【問10】	総資本経常利益率(%)	7.8	4.8
	売上高経常利益率(%)	4.6	3.3
	総資本回転率(回)	1.69	1.45
【問11】	自己資本当期純利益率(%)	7.1	5.5
	財務レバレッジ(%)	228.6	181.8
【問12】	1株当たり当期純利益(円)	10.0	8.0
	1株当たり純資産(円)	140.0	146.7
【問13】	株価収益率(倍)	20.0	30.0
【問14】	従業員1人当たり売上高(百万円)	4.5	5.8

⋯▷［テキスト］【問1】第2章第2節❸参照　【問2】第2章第3節❷参照
　　　　　　【問3】第4章第4節❷参照　【問4】第4章第4節❸参照
　　　　　　【問5】第5章第6節❷・コラム参照
　　　　　　【問6】第5章第5節❷，6節❸参照　【問7】第5章第7節❷参照
　　　　　　【問8】第5章第7節❹参照　【問9】第5章第8節❷参照
　　　　　　【問10】第5章第9節❷❹参照　【問11】第5章第9節❸❹参照
　　　　　　【問12】第5章第10節❶❸参照　【問13】第5章第10節❷参照
　　　　　　【問14】第5章第11節参照

【問題6－2】
【問1】　①　　【問2】　④　　【問3】　①　　【問4】　②　　【問5】　④
【問6】　④　　【問7】　③　　【問8】　①　　【問9】　④　　【問10】　⑤
【問11】　③　　【問12】　①　　【問13】　①

【問2】

（ア）土地は減価償却を行いません。

（イ）減価償却費は売上原価（製造業の工場部分）および販売費及び一般管理費に含まれます。

【問4】

（イ）X3年度当期純利益の対前年度伸び率20.0（％）$= \dfrac{\text{X3年度当期純利益}}{\text{X2年度当期純利益360}}$

113

×100−100より，X3年度当期純利益432

【問9】

（ア）総資本経常利益率は，売上高経常利益率と総資本回転率の2つの指標に分解することができます。

各指標は，以下のとおりです。

	指標	X1年度	X2年度
【問3】	資産合計の増減率(%)		14.3
	売上高の増減率(%)		50.0
【問4】	X2年度営業利益の対前年度伸び率(%)		60.0
	X2年度当期純利益の対前年度伸び率(%)		20.0
【問5】	売上高売上原価率(%)	60.0	50.0
【問6】	売上高営業利益率(%)	25.0	26.7
	売上高当期純利益率(%)	15.0	12.0
	売上高販売費及び一般管理費率(%)	15.0	23.3
【問7】	流動比率(%)	188.3	210.0
【問8】	総資本経常利益率(%)	14.3	17.5
【問9】	売上高経常利益率(%)	25.0	23.3
【問11】	総資本回転率(回)	0.57	0.75
【問12】	自己資本当期純利益率(%)	11.1	12.6
【問13】	従業員1人当たり売上高(百万円)	50	75

⋯▷ ［テキスト］【問1】第2章第1節❷❸参照

【問2】第2章第2節❹，第3章第4節❷参照

【問3】第5章第6節❷・コラム参照 【問4】第5章第6節❷❸参照

【問5】第5章第5節❷参照 【問6】第5章第5節❷参照

【問7】第5章第7節❶参照 【問8】第5章第9節❷参照

【問9】第5章第9節❹参照 【問10】第5章第9節❹参照

【問11】第5章第9節❹参照 【問12】第5章第9節❸参照

【問13】第5章第11節参照

問題 6 - 3

【問1】 ③　　【問2】 ①　　【問3】 ②　　【問4】 ②　　【問5】 ③

【問6】 ①　　【問7】 ④　　【問8】 ④　　【問9】 ①　　【問10】 ④

【問11】 ②　　【問12】 ②

【問1】

（ア）純資産合計ではなく，資産合計または負債純資産合計です。

【問5】

（ア）本業で稼いだ利益を指すのは，営業利益です。

【問10】

（ア）株価収益率は，株式投資者の利益に対する先読みを反映するといわれます。

各指標は，以下のとおりです。

	指標	A社	B社
【問1】	流動資産の貸借対照表構成比率(%)	35.2	38.4
【問2】	正味運転資本(百万円)	49,500	95,100
【問3】	当座比率(%)　当座資産にその他を含む場合	19.7	137.9
	・当座資産＝流動資産－棚卸資産(百万円)	36,500	215,000
	当座比率(%)　当座資産にその他を含まない場合	19.5	137.8
	・当座資産＝流動資産－棚卸資産－その他(百万円)	36,000	214,900
【問4】	フリー・キャッシュ・フロー(百万円)	1,000	
【問5】	粗利益率（売上高売上総利益率）(%)	60.6	48.5
【問6】	自己資本当期純利益率(%)	11.1	7.6
【問7】	売上高当期純利益率(%)	16.0	
【問8】	財務レバレッジ(%)	173.9	181.8
【問9】	1株当たり当期純利益(円)	142.0	65.0
【問10】	株価収益率(倍)	10.1	17.2
【問11】	1株当たり純資産(円)	1,275.7	849.9
【問12】	株価純資産倍率(倍)	1.1	1.3

⋯⟩［テキスト］【問1】第5章第5節❶参照　【問2】第5章第7節❷参照

【問3】第5章第7節❹参照　【問4】第5章第8節❷参照

【問5】第3章第3節❶，第5章第5節❷参照

【問6】第5章第9節❸参照　【問7】第5章第9節❹参照

【問8】第5章第9節❹参照　【問9】第5章第10節❶参照

【問10】第5章第10節❷参照　【問11】第5章第10節❸参照

【問12】第5章第10節❹参照

問題 6-4

【問1】	④	【問2】	②	【問3】	②	【問4】	④	【問5】	②
【問6】	③	【問7】	①	【問8】	①	【問9】	③	【問10】	②
【問11】	②	【問12】	②	【問13】	②	【問14】	④	【問15】	①

貸借対照表，損益計算書，キャッシュ・フロー計算書は，以下のようになります。

〈資料1〉　貸借対照表（空欄部分）　　　　　　　　　　　　　　　　（単位：百万円）

	X1年度	X2年度
資産の部		
⋮	⋮	⋮
固定資産		
有形固定資産	（　　4,000）	5,000
無形固定資産	（ ア 1,800）	1,760
投資その他の資産	（　　1,200）	（　　1,300）
固定資産合計	7,000	（ ウ 8,060）
資産合計	17,000	（　20,060）
負債の部		
流動負債	8,000	（ エ 10,300）
固定負債	（ イ 3,900）	（　　4,260）
負債合計	（　11,900）	14,560
純資産の部		
株主資本	（　　5,000）	5,300
評価・換算差額等	100	（　　200）
純資産合計	（　　5,100）	（　　5,500）
負債純資産合計	17,000	（　20,060）

〈資料2〉　損益計算書（空欄部分）　　　　　　　　　　　　　　　　（単位：百万円）

	X1年度	X2年度
⋮	⋮	⋮
売上原価	（　35,000）	42,000
売上総利益	（ オ 15,000）	18,000

116

〈資料3〉 キャッシュ・フロー計算書（空欄部分）（単位：百万円）

	X2年度
⋮	⋮
投資活動によるキャッシュ・フロー	（　　△540）
⋮	⋮
現金及び現金同等物の増減額	（　　1,700）
⋮	⋮
現金及び現金同等物の期末残高	（カ　2,600）

【問1】
・無形固定資産1,800＝のれん1,400＋ソフトウェア400

【問2】
・負債の貸借対照表構成比率70（％）＝ $\dfrac{負債合計}{負債純資産合計17,000}$ ×100より，

負債合計11,900
・固定負債3,900＝負債合計11,900－流動負債8,000

【問3】
・資産合計の対前年度伸び率18（％）＝ $\dfrac{X2年度資産合計}{X1年度資産合計17,000}$ ×100－100より，

X2年度資産合計20,060
・X2年度固定資産合計8,060＝資産合計20,060－流動資産12,000

【問4】
・正味運転資本1,700＝流動資産12,000－流動負債より，流動負債10,300

【問5】
〈X2年度〉・売上原価率0.7＝ $\dfrac{売上原価42,000}{売上高60,000}$ （＝X1年度の売上原価率〈資料4〉）

〈X1年度〉・売上原価率0.7＝ $\dfrac{売上原価}{売上高50,000}$ より，売上原価35,000

・売上総利益15,000＝売上高50,000－売上原価35,000

【問6】
※CF：キャッシュ・フロー
・フリー・キャッシュ・フロー2,160＝営業CF2,700＋投資CFより，投資CF△540
・現金及び現金同等物の期末残高2,600＝現金及び現金同等物の期首残高900＋現金
及び現金同等物の増減額1,700（営業CF2,700＋投資CF△540＋財務CF△460）

【問7】
・株主資本5,000＝資産合計17,000－負債合計11,900（【問2】）－評価・換算差額等
100

117

・株主資本5,000＝資本金＋資本剰余金1,040＋利益剰余金2,500＋自己株式△40より，資本金1,500

【問9】

（ア）流動比率は，流動負債に対する流動資産の比率を示す指標です。

各指標は，以下のとおりです。

	指標	X1年度	X2年度
【問8】	売上高の伸び率(%)		20.0
	営業利益の伸び率(%)		30.4
【問9】	流動比率(%)	125.0	116.5
【問10】	自己資本比率(%)	30.0	27.4
【問11】	総資本経常利益率(%)	26.5	19.9
【問12】	売上高経常利益率(%)	9.0	6.7
【問13】	自己資本当期純利益率(%)	13.7	14.5
【問14】	1株当たり当期純利益(円)	17.5	16.0
	株価純資産倍率(倍)	4.7	5.0
【問15】	時価総額(百万円)	24,000	27,500

⋯▷ ［テキスト】【問1】第2章第2節❹参照　【問2】第5章第5節❶参照

【問3】第5章第6節❷参照　【問4】第5章第7節❷参照

【問5】第5章第5節❷参照

【問6】第5章第8節❷，第4章第3節参照

【問7】第2章第4節❶❷参照　【問8】第5章第6節❷・コラム参照

【問9】第5章第7節❶参照　【問10】第5章第7節❺参照

【問11】第5章第9節❷❹参照　【問12】第5章第5節❷，第9節❹参照

【問13】第5章第9節❸参照　【問14】第5章第10節❶❹参照

【問15】第5章第10節❺参照

問題 6 − 5

【問 1 】 ③　　【問 2 】 ③　　【問 3 】 ③　　【問 4 】 ②　　【問 5 】 ⑤

【問 6 】 ①　　【問 7 】 ④　　【問 8 】 ②　　【問 9 】 ③　　【問10】 ②

【問11】 ①　　【問12】 ④

　貸借対照表，損益計算書は，以下のようになります。

〈資料 1 〉　貸借対照表（空欄部分）　　　　　　　　　　　　（単位：百万円）

	A社	B社
資産の部		
流動資産		
⋮	⋮	⋮
売掛金	（ ア 1,500）	2,800
⋮	⋮	⋮
流動資産合計	（ 5,600）	6,300
固定資産		
有形固定資産		
⋮	⋮	⋮
備品	（ 2,000）	3,000
有形固定資産合計	（ 7,700）	11,100
⋮	⋮	⋮
固定資産合計	（ 8,400）	11,700
⋮	⋮	⋮
負債の部		
流動負債		
⋮	⋮	⋮
短期借入金	1,200	（ イ 1,000）
⋮	⋮	⋮
流動負債合計	4,000	（ 4,500）
⋮	⋮	⋮
負債合計	5,500	（ 5,500）
純資産の部		
⋮	⋮	⋮
評価・換算差額等		
その他有価証券評価差額金	50	（ 100）
評価・換算差額等合計	50	（ 100）
純資産合計	8,500	（ 12,500）

119

〈資料2〉 損益計算書（空欄部分） （単位：百万円）

	A社	B社
⋮	⋮	⋮
売上原価	（ ウ 16,750）	（ 25,500）
売上総利益	（ 3,250）	（ 4,500）
⋮	⋮	⋮
営業利益	800	（ 1,900）
⋮	⋮	⋮
経常利益	1,000	（ 1,800）
⋮	⋮	⋮
税引前当期純利益	1,000	（ 1,500）
⋮	⋮	⋮
当期純利益	800	（ エ 1,100）

【問1】

- 流動比率140（％）＝ $\dfrac{流動資産}{流動負債4,000}$ ×100より，流動資産（合計）5,600

- 売掛金1,500＝流動資産5,600－（現金及び預金2,100＋受取手形300＋有価証券720
  ＋商品900＋その他80）

【問2】

- 流動負債の貸借対照表構成比率25（％）＝ $\dfrac{流動負債}{負債純資産合計18,000}$

  ×100より，流動負債4,500

- 短期借入金1,000＝流動負債4,500－（支払手形800＋買掛金2,200＋その他500）

【問3】

売上原価16,750＝商品期首棚卸高650＋当期商品仕入高17,000－商品期末棚卸高900

【問4】

- 総資本経常利益率10（％）＝ $\dfrac{経常利益}{負債純資産合計18,000}$ ×100より，経常利益1,800

- 当期純利益1,100＝経常利益1,800＋特別利益40－特別損失340－（法人税，住民税
  及び事業税450＋法人税等調整額△50）

【問7】

（ア）自己資本比率は，貸借対照表における資金の源泉側のバランスを見る指標の
　　　1つです。

【問9】

（ア）自己資本当期純利益率は，株主の出資に対する収益性を判断するための指標
　　　です。

【問12】

（イ）従業員１人当たり売上高

・A社110（百万円）$= \dfrac{\text{想定の売上高20,000} \times 1.1}{\text{従業員数200}}$

・想定値でもB社を上回りません。

各指標は，以下のとおりです。

	指標	A社	B社
【問5】	フリー・キャッシュ・フロー（百万円）	3,000	
【問6】	売上高売上原価率（%）	83.8	85.0
【問7】	自己資本比率（%）	60.7	69.4
【問8】	総資本営業利益率（%）	5.7	10.6
【問9】	自己資本当期純利益率（%）	9.4	8.8
【問10】	株価純資産倍率（倍）	2.4	2.0
【問11】	株価収益率（倍）	25.0	22.7
【問12】	従業員１人当たり売上高（百万円）	100	120

┄➤ ［テキスト］【問1】第5章第7節❶参照　【問2】第5章第5節❶参照
【問3】第3章第3節❸参照　【問4】第5章第9節❷参照
【問5】第5章第8節❷参照　【問6】第5章第5節❷参照
【問7】第5章第7節❺参照　【問8】第5章第9節❷参照
【問9】第5章第9節❸参照　【問10】第5章第10節❹参照
【問11】第5章第10節❷参照　【問12】第5章第11節参照

問題 6－6

【問1】 ③ 　　【問2】 ④ 　　【問3】 ④ 　　【問4】 ② 　　【問5】 ①

【問6】 ① 　　【問7】 ③ 　　【問8】 ① 　　【問9】 ④ 　　【問10】 ③

【問11】 ③ 　　【問12】 ② 　　【問13】 ② 　　【問14】 ①

　　貸借対照表，損益計算書は，以下のようになります。

〈資料1〉 貸借対照表（空欄部分）　　　　　　　　　　　　　　　　（単位：百万円）

	A社	B社
資産の部		
流動資産		
⋮	⋮	⋮
商品	（ ア 　3,000)	2,500
⋮	⋮	⋮
流動資産合計	（ 　　13,000)	16,000
固定資産		
有形固定資産		
⋮	⋮	⋮
車両運搬具	（ 　　　425)	1,000
⋮	⋮	⋮
有形固定資産合計	（ 　　7,425)	8,200
⋮	⋮	⋮
固定資産合計	（ 　　11,750)	10,700
⋮	⋮	⋮
負債の部		
⋮	⋮	⋮
固定負債		
⋮	⋮	⋮
退職給付引当金	（ 　　　700)	550
固定負債合計	（ 　　2,450)	3,370
負債合計	（ 　　12,650)	14,050
純資産の部		
株主資本		
⋮	⋮	⋮
資本剰余金	（ 　　2,000)	3,000
⋮	⋮	⋮
株主資本合計	（ 　　11,800)	12,500
⋮	⋮	⋮
純資産合計	（ イ 12,100)	12,650

122

〈資料2〉 損益計算書（空欄部分） （単位：百万円）

	A社	B社
⋮	⋮	⋮
営業外収益	300	（ウ　128）
営業外費用	700	（　640）
経常利益	1,000	（　500）
特別利益	150	（　250）
特別損失	220	（　100）
税引前当期純利益	930	（エ　650）
⋮	⋮	⋮
法人税等調整額	（　△120）	△110
当期純利益	700	（　500）

解答・解説

【問1】
・正味運転資本2,800＝流動資産－流動負債10,200より，流動資産13,000
・流動資産13,000＝現金及び預金3,000＋受取手形1,400＋売掛金3,500＋有価証券1,000＋その他1,100より，商品3,000

【問2】
・純資産合計12,100＝1株当たり純資産1,210×発行済株式数10

【問3】
・営業外収益128＝有価証券利息58＋受取配当金25＋有価証券評価益45

【問4】
・税引前当期純利益650＝営業利益1,012＋営業外収益128－営業外費用640（有価証券評価損510＋支払利息130）＋特別利益250（固定資産売却益140＋投資有価証券売却益110）－特別損失100（減損損失100）

【問6】
（イ）税引前当期純利益930－（法人税，住民税及び事業税350＋法人税等調整額）
　　＝当期純利益700より，法人税等調整額△120

【問7】
（ア）A社は，営業活動により生み出したキャッシュと財務活動により調達したキャッシュを，投資活動に充てていることがわかります。

【問9】
（ア）フリー・キャッシュ・フローは，営業活動によるキャッシュ・フローの範囲内で投資活動を行えば，資金の状況が安定するという考え方を反映した指標です。

【問11】
（ア）総資本回転率は，売上高による総資本の回収の度合いを示す指標です。

各指標は，以下のとおりです。

	指標	A社	B社
【問5】	売上高営業利益率（％）	8.1	6.7
	売上高販売費及び一般管理費率（％）	11.9	13.3
【問8】	当座比率（％）　当座資産にその他を含む場合	98.0	126.4
	・当座資産＝流動資産－棚卸資産（百万円）	10,000	13,500
	当座比率（％）　当座資産にその他を含まない場合	87.3	117.0
	・当座資産＝流動資産－棚卸資産－その他（百万円）	8,900	12,500
【問9】	フリー・キャッシュ・フロー（百万円）	500	
【問10】	総資本営業利益率（％）	5.7	3.8
【問11】	総資本回転率（回）	0.7	0.56
【問12】	財務レバレッジ（％）	204.5	211.1
【問13】	株価収益率（倍）	14.3	22.0
	1株当たり当期純利益（円）	70	50
【問14】	従業員1人当たり売上高（百万円）	346.5	333.3

⋯▷ ［テキスト］【問1】第5章第7節❷参照　【問2】第5章第10節❸参照
　　　　　　【問3】第3章第5節❷参照　【問4】第3章第5節・第6節参照
　　　　　　【問5】第5章第5節❷参照　【問6】第3章第7節❸参照
　　　　　　【問7】第4章第4節❺参照　【問8】第5章第7節❹参照
　　　　　　【問9】第5章第8節❷参照　【問10】第5章第9節❷参照
　　　　　　【問11】第5章第9節❹参照　【問12】第5章第9節❹参照
　　　　　　【問13】第5章第10節❷参照　【問14】第5章第11節参照

問題6－7

【問1】 ③　　【問2】 ②　　【問3】 ②　　【問4】 ①　　【問5】 ③

【問6】 ②　　【問7】 ①　　【問8】 ①　　【問9】 ①　　【問10】 ②

【問11】 ④　　【問12】 ④　　【問13】 ④　　【問14】 ②　　【問15】 ①

　貸借対照表，損益計算書，キャッシュ・フロー計算書は，以下のようになります。

〈資料1〉　貸借対照表（空欄部分）　　　　　　　　　　　　　　（単位：百万円）

	A社	B社
資産の部		
流動資産		
⋮	⋮	⋮
受取手形	（ ア　 400）	200
⋮	⋮	⋮
流動資産合計	（　 4,000）	4,500
固定資産		
有形固定資産		
建物	（　 4,000）	5,400
⋮	⋮	⋮
有形固定資産合計	（　 7,900）	8,300
⋮	⋮	⋮
固定資産合計	（　 8,350）	9,000
⋮	⋮	⋮
資産合計	（　 12,500）	13,500
⋮	⋮	⋮
負債の部		
⋮	⋮	⋮
固定負債		
長期借入金	（　 400）	1,350
⋮	⋮	⋮
固定負債合計	（　 700）	1,850
負債合計	（　 3,700）	5,300
純資産の部		
株主資本		
資本金	（　 7,000）	6,000
⋮	⋮	⋮
株主資本合計	（　 8,750）	8,000
⋮	⋮	⋮
純資産合計	（　 8,800）	8,200
負債純資産合計	（　 12,500）	13,500

125

〈資料2〉 損益計算書（空欄部分） （単位：百万円）

	A社	B社
売上高	（　15,000）	20,000
売上原価	11,250	（　16,000）
売上総利益	（　3,750）	（　4,000）
販売費及び一般管理費	2,750	（ イ　2,785）
営業利益	（　1,000）	（　1,215）
営業外収益	200	（　295）
営業外費用	500	（　50）
経常利益	（　700）	（ ウ　1,460）
特別利益	100	（　150）
特別損失	50	（　210）
税引前当期純利益	（　750）	（　1,400）
⋮	⋮	⋮
法人税等合計	（　250）	（　500）
当期純利益	（　500）	（　900）

〈資料3〉 キャッシュ・フロー計算書（空欄部分） （単位：百万円）

	A社	B社
⋮	⋮	⋮
投資活動によるキャッシュ・フロー	100	（ エ　△2,000）
⋮	⋮	⋮
現金及び現金同等物の増減額	1,100	（　200）
現金及び現金同等物の期首残高	400	（　1,800）

【問1】

・正味運転資本1,000＝流動資産－流動負債3,000より，流動資産4,000

・流動資産4,000＝現金及び預金1,500＋受取手形＋売掛金300＋電子記録債権1,000
＋有価証券200＋商品550＋その他50より，受取手形400

【問2】

・販売費及び一般管理費2,785＝広告宣伝費170＋給料・賞与2,050＋福利厚生費45＋
通信費30＋旅費交通費60＋租税公課90＋保険料55＋退職給付費用65＋水道光熱費
20＋減価償却費180＋貸倒引当金繰入額20

【問3】

前ページ損益計算書参照

・売上高売上原価率80.0（％）＝ $\dfrac{売上原価}{売上高20,000}$ ×100より，売上原価16,000

・営業外収益295＝有価証券利息10＋有価証券売却益120＋受取利息5＋有価証券評
価益140＋受取配当金20
・営業外費用50＝支払利息50

【問4】
・フリー・キャッシュ・フロー1,000（百万円）＝営業活動によるキャッシュ・フロー
3,000＋投資活動によるキャッシュ・フローより，投資活動によるキャッシュ・
フロー△2,000

【問11】
（ア）自己資本当期純利益率は，株主の出資に対する収益性を判断する指標です。

【問12】
（ア）自己資本利益率は，売上高当期純利益率と総資本回転率と財務レバレッジの
3要素に分解できます。

【問13】
（ア）総資本回転率は，投下資本が売上高で効率的に回収されているかどうかを示
す指標です。

各指標は，以下のとおりです。

	指標	A社	B社
【問5】	売上高の伸び率（％）	20.0	
【問6】	売上高売上総利益率（％）	25.0	20.0
	売上高販売費及び一般管理費率（％）	18.3	13.9
【問8】	流動比率（％）	133.3	
【問9】	手元流動性（百万円）	1,700	2,700
【問10】	自己資本比率（％）	70.4	60.7
【問11】	自己資本当期純利益率（％）	5.7	11.0
【問12】	売上高当期純利益率（％）	3.3	4.5
【問13】	総資本回転率（回）	1.2	1.5
【問14】	株価純資産倍率（倍）	3.4	2.4
【問15】	時価総額（百万円）	30,000	20,000

⋯▷［テキスト］【問1】第5章第7節❷参照 【問2】第3章第4節❷参照
【問3】第3章第5節，第5章第5節❷参照 【問4】第5章第8節❷参照
【問5】第5章第6節❷参照 【問6】第5章第5節❷参照
【問7】第4章第4節❺参照 【問8】第5章第7節❶参照
【問9】第5章第7節❸参照 【問10】第5章第7節❺参照
【問11】第5章第9節❸参照 【問12】第5章第9節❹参照
【問13】第5章第9節❹参照 【問14】第5章第10節❹参照
【問15】第5章第10節❺参照

問題 6 − 8

【問1】③	【問2】②	【問3】⑤	【問4】③	【問5】③
【問6】①	【問7】④	【問8】②	【問9】③	【問10】③
【問11】②	【問12】②	【問13】③	【問14】④	【問15】③
【問16】①				

貸借対照表，損益計算書，キャッシュ・フロー計算書は，以下のようになります。

〈資料1〉　貸借対照表（空欄部分）　　　　　　　　　　　　　　　　（単位：百万円）

	X1年度	X2年度
資産の部		
流動資産		
⋮	⋮	⋮
受取手形	（ア　　500）	400
⋮	⋮	⋮
（有価証券　　　）	（　　　800）	1,200
⋮	⋮	⋮
流動資産合計	（　　7,000）	8,200
固定資産		
有形固定資産		
建物	（　　7,000）	（　　6,000）
⋮	⋮	⋮
有形固定資産合計	（　　9,500）	（　　9,700）
無形固定資産		
（のれん　　　　）	（　　　100）	−
無形固定資産合計	（　　　100）	−
投資その他の資産		
（投資有価証券　）	（　　　600）	700
（長期前払費用　）	（　　　100）	100
⋮	⋮	⋮
投資その他の資産合計	（　　　900）	1,100
固定資産合計	（　　10,500）	（　　10,800）
資産合計	17,500	（　　19,000）

128

	X1年度	X2年度
負債の部		
流動負債		
⋮	⋮	⋮
（電子記録債務　　）	（　　1,000）	1,300
⋮	⋮	⋮
流動負債合計	（　　6,700）	7,000
固定負債		
⋮	⋮	⋮
（退職給付引当金　）	（　　　500）	550
固定負債合計	（　　2,000）	2,150
負債合計	（　　8,700）	9,150
純資産の部		
株主資本		
資本金	（　　7,800）	（　　8,000）
⋮	⋮	⋮
株主資本合計	（　　8,700）	（　　9,600）
⋮	⋮	⋮
純資産合計	8,800	（　　9,850）
負債純資産合計	17,500	（　19,000）

解答・解説

129

〈資料2〉 損益計算書（空欄部分） （単位：百万円）

	X1年度	X2年度
売上高	20,000	（イ　38,000）
売上原価	（　14,000）	（　30,400）
売上総利益	（　6,000）	（　7,600）
販売費及び一般管理費	（ウ　4,200）	5,360
営業利益	（　1,800）	（　2,240）
営業外収益	（　500）	560
営業外費用	（　300）	500
経常利益	（　2,000）	（　2,300）
特別利益	（　100）	100
特別損失	（　100）	200
税引前当期純利益	（　2,000）	（　2,200）
⋮	⋮	⋮
当期純利益	（エ　1,400）	（　1,540）

〈資料3〉 キャッシュ・フロー損益計算書（空欄部分） （単位：百万円）

	X1年度	X2年度
⋮	⋮	⋮
投資活動によるキャッシュ・フロー	（　△2,000）	△4,600
財務活動によるキャッシュ・フロー	（オ　△500）	600
現金及び現金同等物の増減額	（　1,000）	500
⋮	⋮	⋮
現金及び現金同等物の期末残高	（　2,000）	2,500

【問1】

・流動資産の貸借対照表構成比率40（％）＝ $\dfrac{流動資産}{資産合計17,500}$ ×100より，

　流動資産7,000

・流動資産7,000＝現金及び預金2,000＋受取手形＋売掛金1,000＋電子記録債権2,000
　＋有価証券800＋商品630＋その他70より，受取手形500

【問2】

・X2年度売上高の伸び率90（％）＝ $\dfrac{X2年度売上高}{X1年度売上高20,000}$ ×100－100より，

　X2年度の売上高38,000

【問3】

・販売費及び一般管理費4,200＝広告宣伝費570＋給料・賞与2,550＋福利厚生費80＋通信費50＋旅費交通費110＋租税公課400＋保険料55＋退職給付費用135＋水道光熱費60＋減価償却費160＋研究開発費30

【問4】

・売上高売上総利益率30（％）＝$\dfrac{\text{売上総利益}}{\text{売上高20,000}}$×100より，売上総利益6,000

・営業外収益500＝有価証券利息30＋有価証券売却益445＋受取配当金25

・営業外費用300＝支払利息50＋有価証券評価損250

・特別利益100＝投資有価証券売却益50＋固定資産売却益50

・特別損失100＝減損損失100

【問5】

・フリー・キャッシュ・フロー1,500＝営業活動によるキャッシュ・フロー3,500＋投資活動によるキャッシュ・フローより，投資活動によるキャッシュ・フロー△2,000

・現金及び現金同等物の増減額1,000＝現金及び現金同等物の期末残高2,000（＝X2年度現金及び現金同等物の期首残高2,000）－現金及び現金同等物の期首残高1,000

・営業活動によるキャッシュ・フロー3,500＋投資活動によるキャッシュ・フロー△2,000＋財務活動によるキャッシュ・フロー＝現金及び現金同等物の増減額1,000より，財務活動によるキャッシュ・フロー△500

【問8】

（イ）X4年度経常利益2,783（百万円）＝X2年度経常利益2,300×{1＋0.1（10％）}²

【問14】

（ア）財務レバレッジは，自己資本比率の逆数で示されます。

各指標は，以下のとおりです。

	指標	X1年度	X2年度
【問7】	短期借入金の対前年度比率（％）		150
【問9】	正味運転資本（百万円）	300	1,200
【問10】	当座比率（％）　当座資産にその他を含む場合	95.1	110.0
	・当座資産＝流動資産－棚卸資産（百万円）	6,370	7,700
	当座比率（％）　当座資産にその他を含まない場合	94.0	108.6
	・当座資産＝流動資産－棚卸資産－その他（百万円）	6,300	7,600
【問11】	手元流動性（百万円）	2,800	3,700
【問12】	総資本経常利益率（％）	11.4	12.1
【問13】	売上高経常利益率（％）	10.0	6.1
	総資本回転率（回）	1.14	2 ※〈資料4〉
【問14】	財務レバレッジ（％）	198.9	192.9
【問15】	1株当たり当期純利益（円）	140.0	128.3
【問16】	時価総額（百万円）	20,000	30,000

⋯▷ ［テキスト］【問1】第5章第5節❶参照　【問2】第5章第6節❷参照

【問3】第3章第4節❷参照

【問4】第3章第5節・第6節，第5章第5節❷参照

【問5】第4章第3節❷，第5章第8節❷参照

【問6】第4章第4節❶❺参照　【問7】第5章第6節❶❷参照

【問8】第5章第6節❸・コラム参照

【問9】第5章第7節❷参照　【問10】第5章第7節❹参照

【問11】第5章第7節❸参照　【問12】第5章第9節❷❹参照

【問13】第5章第9節❹参照　【問14】第5章第9節❹参照

【問15】第5章第10節❶参照　【問16】第5章第10節❺参照

132

ビジネス会計
検定試験®

第 24 回 3 級 ［問題］
〈制限時間 2 時間〉

（2019 年 3 月 10 日施行）

※ ビジネス会計検定試験の配点は，公表しておりません。
※ 一部改題して掲載しています。

I 次の【問 1 】から【問11】の設問に答えなさい。

【問 1 】 次の文章について，正誤の組み合わせとして正しいものを選びなさい。

（ア）会社法は，主に株主・債権者の保護を目的としている。
（イ）株主資本等変動計算書は，会社法上の計算書類に含まれる。

① （ア）正 （イ）正　　② （ア）正 （イ）誤
③ （ア）誤 （イ）正　　④ （ア）誤 （イ）誤

【問 2 】 次の文章について，正誤の組み合わせとして正しいものを選びなさい。

（ア）貸倒引当金は，貸借対照表において負債の部に表示される。
（イ）貸借対照表において，売掛金と貸倒引当金を相殺して残高のみを表示することは認められている。ただし，その場合はその旨の注記をすることが必要である。

① （ア）正 （イ）正　　② （ア）正 （イ）誤
③ （ア）誤 （イ）正　　④ （ア）誤 （イ）誤

【問 3 】 次の文章について，正誤の組み合わせとして正しいものを選びなさい。

（ア）有形固定資産には，減価償却を行わないものもある。
（イ）定率法を用いると，毎期の減価償却費は一定となる。

① （ア）正 （イ）正　　② （ア）正 （イ）誤
③ （ア）誤 （イ）正　　④ （ア）誤 （イ）誤

134

【問4】 次の文章について，正誤の組み合わせとして正しいものを選びなさい。

> （ア）正常営業循環基準で流動負債に分類されなかった負債は，すべて固定
> 　　　負債に分類される。
> （イ）未払法人税等は，固定負債に含まれる。

> ① （ア）正 （イ）正　　　② （ア）正 （イ）誤
> ③ （ア）誤 （イ）正　　　④ （ア）誤 （イ）誤

【問5】 次の文章について，正誤の組み合わせとして正しいものを選びなさい。

> （ア）その他有価証券評価差額金は，損益計算書の特別利益に計上される。
> （イ）新株予約権は，貸借対照表において純資産の部に記載される。

> ① （ア）正 （イ）正　　　② （ア）正 （イ）誤
> ③ （ア）誤 （イ）正　　　④ （ア）誤 （イ）誤

【問6】 次の文章について，正誤の組み合わせとして正しいものを選びなさい。

> （ア）損益計算書は，一定期間の経営成績を表すものである。
> （イ）収益は，原則として発生主義で計上する。

> ① （ア）正 （イ）正　　　② （ア）正 （イ）誤
> ③ （ア）誤 （イ）正　　　④ （ア）誤 （イ）誤

【問7】 次の文章について，正誤の組み合わせとして正しいものを選びなさい。

> （ア）本業で稼いだ利益のことを，営業利益という。
> （イ）建物を売却して生じた損失は，営業外費用に含まれる。

> ① （ア）正 （イ）正　　　② （ア）正 （イ）誤
> ③ （ア）誤 （イ）正　　　④ （ア）誤 （イ）誤

【問8】 キャッシュ・フロー計算書に関する次の文章について，正誤の組み合わせとして正しいものを選びなさい。

（ア）現金同等物は，容易に換金可能であり，かつ，価値の変動についてわずかなリスクしか負わない短期の投資をいう。

（イ）現金同等物に何を含めているかは，財務諸表の注記に記載される。

---

① （ア）正 （イ）正　　② （ア）正 （イ）誤

③ （ア）誤 （イ）正　　④ （ア）誤 （イ）誤

【問9】 次の文章について，正誤の組み合わせとして正しいものを選びなさい。

（ア）キャッシュ・フロー計算書の役割の1つは，企業の現金創出能力を示すことである。

（イ）キャッシュ・フロー計算書は，期首から期末にかけてのキャッシュの増減の原因を説明する。

---

① （ア）正 （イ）正　　② （ア）正 （イ）誤

③ （ア）誤 （イ）正　　④ （ア）誤 （イ）誤

【問10】 次の文章について，正誤の組み合わせとして正しいものを選びなさい。

（ア）借入金の返済による支出は，財務活動によるキャッシュ・フローの区分に記載される。

（イ）株式の発行による収入は，投資活動によるキャッシュ・フローの区分に記載される。

---

① （ア）正 （イ）正　　② （ア）正 （イ）誤

③ （ア）誤 （イ）正　　④ （ア）誤 （イ）誤

【問11】 次の文章について，正誤の組み合わせとして正しいものを選びなさい。

(ア) 損益計算書に記載される収益および費用と，キャッシュ・フロー計算書に記載されるキャッシュ・インフローおよびキャッシュ・アウトフローは，必ずしも一致しない。

(イ) 営業活動によるキャッシュ・フローがプラス，投資活動によるキャッシュ・フローと財務活動によるキャッシュ・フローがマイナスの場合，営業活動により生み出したキャッシュ以上の投資を行うために，財務活動によりキャッシュを調達していると判断できる。

① （ア）正 （イ）正　　② （ア）正 （イ）誤

③ （ア）誤 （イ）正　　④ （ア）誤 （イ）誤

第24回試験問題

137

Ⅱ 次の【問1】から【問14】の設問に答えなさい。

【問1】 次の文章の空欄（ ア ）と（ イ ）に当てはまる語句の適切な組み合わせを選びなさい。

主に投資者の保護を目的とした（ ア ）では,（ イ ）の公開を義務づけている。

① （ア）会社法 　　　　　（イ）計算書類
② （ア）会社法 　　　　　（イ）財務諸表
③ （ア）金融商品取引法 　（イ）計算書類
④ （ア）金融商品取引法 　（イ）財務諸表

【問2】 貸借対照表に関する次の文章のうち, 正しいものの個数を選びなさい。

ア．貸借対照表の様式には, 勘定式と報告式の2つの種類がある。
イ．勘定式の貸借対照表の左側には, 資金の調達源泉である負債と純資産が表示される。
ウ．資産および負債を流動性の低い順に配列する方法を, 流動性配列法という。
エ．貸付金と借入金を相殺消去して, 残高のみを表示することができる。

① 1つ 　② 2つ 　③ 3つ 　④ 4つ 　⑤ なし

【問3】 次の文章の空欄（ ア ）と（ イ ）に当てはまる語句の適切な組み合わせを選びなさい。

（ ア ）は, 原則として取得原価で評価される。取得原価には,（ イ ）という長所がある。

① （ア）金融資産 　（イ）客観的で信頼性が高い

138

② （ア）金融資産　（イ）最新の資産の価格を反映できる

③ （ア）事業用資産　（イ）客観的で信頼性が高い

④ （ア）事業用資産　（イ）最新の資産の価格を反映できる

【問4】　次の文章の空欄（　ア　）と（　イ　）に当てはまる語句の適切な組み合わせを選びなさい。

貸借対照表において，売買目的で保有する有価証券は（　ア　）に記載される。また，関連会社株式は（　イ　）に記載される。

① （ア）流動資産　（イ）固定資産

② （ア）流動資産　（イ）純資産の部

③ （ア）固定資産　（イ）固定資産

④ （ア）固定資産　（イ）純資産の部

【問5】　次の項目のうち，有形固定資産に該当するものの個数を選びなさい。

ソフトウエア　　建設仮勘定　　投資有価証券　　土地　　のれん

① 1つ　　② 2つ　　③ 3つ　　④ 4つ　　⑤ 5つ

【問6】　次の項目のうち，投資その他の資産に該当するものの適切な組み合わせを選びなさい。

ア．建物　イ．開発費　ウ．長期前払費用　エ．特許権
オ．長期貸付金

① アイ　　② アオ　　③ イエ　　④ ウエ　　⑤ ウオ

139

【問7】 次の文章のうち，経常利益の増加要因となりうるものの適切な組み合わせを選びなさい。

> ア．売買目的の有価証券を売却して利益を得た。
>
> イ．長期保有目的の有価証券を売却して利益を得た。
>
> ウ．売買目的の有価証券の時価が，帳簿価額より下落した。
>
> エ．借入金に対する利息を支払った。
>
> オ．所有する他社の株式から配当金を得た。

① アイ　　② アオ　　③ イエ　　④ ウエ　　⑤ ウオ

【問8】 次の文章の空欄（　ア　）と（　イ　）に当てはまる語句の適切な組み合わせを選びなさい。

> 会計上の利益にもとづき計算される税額と税法上の課税額との差額を調整する会計処理を（　ア　）といい，損益計算書に（　イ　）が計上される。

① （ア）税効果会計　　　　　（イ）繰延税金資産

② （ア）税効果会計　　　　　（イ）法人税等調整額

③ （ア）費用収益対応の原則　（イ）繰延税金資産

④ （ア）費用収益対応の原則　（イ）法人税等調整額

【問9】 次の項目のうち，財務活動によるキャッシュ・フローにおける支出に該当するものを選びなさい。

① 社債の発行

② 貸付金の回収

③ 有価証券の取得

④ 自己株式の取得

⑤ 有形固定資産の取得

【問10】 次の文章の空欄 （ ア ） と （ イ ） に当てはまる語句の適切な組み合わせを選びなさい。

財務諸表分析にあたって，財務諸表や（ ア ）などの定量情報だけでなく，（ イ ）などの定性情報を入手することも重要である。

① （ア）株価 　　　　（イ）従業員数
② （ア）技術力 　　　（イ）業界での地位
③ （ア）技術力 　　　（イ）規制の有無
④ （ア）販売シェア 　（イ）従業員数
⑤ （ア）販売シェア 　（イ）規制の有無

【問11】 次の文章のうち，1株当たり純資産について説明した文章を選びなさい。

① 株主の出資に対する収益性を判断する指標である。
② 企業の利益の水準に対して株価が相対的に高いか低いかを判定する目安として用いられる指標である。
③ 最低株価の目安となる指標である。
④ 企業の資産の水準に対して株価が相対的に高いか低いかを判定する目安として用いられる指標である。

【問12】 次の資料により，当期商品仕入高を計算し，正しい数値を選びなさい。
（金額単位：省略）

商品期首棚卸高　300　　　売上高　3,000　　　商品期末棚卸高　200
売上総利益　2,000

① 700　　② 800　　③ 900　　④ 1,000　　⑤ 1,100

【問13・問14共通】 次の資料により，【問13】と【問14】の空欄（ ア ）と
（ イ ）に当てはまる数値を選びなさい。（金額単位：省略）

有価証券利息 10	退職給付費用 20	有価証券売却損 25
社債利息 10	受取利息 5	減価償却費 30 固定資産売却益 10
減損損失 20	投資有価証券売却損 15	営業利益 120

【問13】 営業外収益は（ ア ）である。

① 5 ② 15 ③ 20 ④ 25 ⑤ 30

【問14】 税引前当期純利益は（ イ ）である。

① 5 ② 25 ③ 55 ④ 65 ⑤ 75

142

Ⅲ A社に関する〈資料1〉から〈資料4〉により,【問1】から【問12】の設問に答えなさい。分析にあたって,貸借対照表数値,発行済株式数および株価は期末の数値を用いることとし,純資産を自己資本とみなす。△はマイナスを意味する。また,計算にあたって端数が出る場合は,選択肢に示されている数値の桁数に応じて四捨五入するものとする。なお,貸借対照表の現金及び預金とキャッシュ・フロー計算書の現金及び現金同等物は等しいものとする。

〈資料1〉 貸借対照表 (単位:百万円)

	X1年度	X2年度
資産の部		
流動資産		
現金及び預金	107,075	127,720
売掛金	16,527	17,685
棚卸資産	10,953	11,496
その他	6,855	7,467
流動資産合計	141,410	164,368
固定資産		
有形固定資産	408,866	392,139
無形固定資産	6,752	8,066
投資その他の資産	72,417	68,161
固定資産合計	488,035	468,366
資産合計	629,445	632,734
負債の部		
流動負債	109,175	112,313
固定負債	105,466	52,873
負債合計	214,641	165,186
純資産の部		
株主資本	409,026	461,711
評価・換算差額等	5,778	5,837
純資産合計	414,804	467,548
負債純資産合計	629,445	632,734

143

〈資料2〉 損益計算書

(単位:百万円)

	X1年度	X2年度
売上高	341,326	402,506
売上原価	256,959	289,117
売上総利益	84,367	113,389
販売費及び一般管理費	13,612	14,185
営業利益	70,755	99,204
営業外収益	4,673	3,686
営業外費用	2,302	4,258
経常利益	73,126	98,632
税引前当期純利益	73,126	98,632
法人税, 住民税及び事業税	25,770	35,474
法人税等調整額	△243	923
法人税等合計	25,527	36,397
当期純利益	47,599	62,235

〈資料3〉 キャッシュ・フロー計算書

(単位:百万円)

	X1年度	X2年度
営業活動によるキャッシュ・フロー	5,925	21,543
投資活動によるキャッシュ・フロー	△4,320	△5,166
財務活動によるキャッシュ・フロー	△8,375	4,268
現金及び現金同等物の増減額	△6,770	20,645
現金及び現金同等物の期首残高	113,845	107,075
現金及び現金同等物の期末残高	107,075	127,720

〈資料4〉 その他のデータ

	X1年度	X2年度
発行済株式数	89百万株	91百万株
1株当たり株価	14,500円	15,700円

【問1】 次の文章について，正誤の組み合わせとして正しいものを選びなさい。

（ア）粗利益率（％）は，100−売上原価率（％）で算出することができる。

（イ）粗利益率は，X2年度の方が良い。

① （ア）正 （イ）正　　② （ア）正 （イ）誤

③ （ア）誤 （イ）正　　④ （ア）誤 （イ）誤

【問2】 次の文章について，正誤の組み合わせとして正しいものを選びなさい。

（ア）伸び率は，マイナスの値になることもある。

（イ）営業利益の伸び率よりも，経常利益の伸び率の方が大きい。

① （ア）正 （イ）正　　② （ア）正 （イ）誤

③ （ア）誤 （イ）正　　④ （ア）誤 （イ）誤

【問3】 次の文章について，正誤の組み合わせとして正しいものを選びなさい。

（ア）売上高の対前年度比率は，17.9％である。

（イ）X1年度からX2年度にかけての売上高と経常利益の推移は，増収増益である。

① （ア）正 （イ）正　　② （ア）正 （イ）誤

③ （ア）誤 （イ）正　　④ （ア）誤 （イ）誤

【問4】 次の文章について，正誤の組み合わせとして正しいものを選びなさい。

（ア）流動比率は，資産合計に対する流動資産の割合である。

（イ）流動比率は，X1年度からX2年度にかけて改善した。

① （ア）正 （イ）正　　② （ア）正 （イ）誤

③ （ア）誤 （イ）正　　④ （ア）誤 （イ）誤

【問5】 次の文章について，正誤の組み合わせとして正しいものを選びなさい。

（ア）当座比率は，短期的な支払いのバランスの視点からは少なくとも200％
以上であることが望ましい。

（イ）当座比率からみると，X2年度の方が安全性が高いと判断できる。

① （ア）正 （イ）正　　② （ア）正 （イ）誤

③ （ア）誤 （イ）正　　④ （ア）誤 （イ）誤

【問6】 次の文章について，正誤の組み合わせとして正しいものを選びなさい。

（ア）自己資本当期純利益率は，株主の出資に対する収益性を判断するため
の指標である。

（イ）自己資本当期純利益率は，X1年度からX2年度にかけて改善した。

① （ア）正 （イ）正　　② （ア）正 （イ）誤

③ （ア）誤 （イ）正　　④ （ア）誤 （イ）誤

【問7】 次の文章の空欄（ ア ）と（ イ ）に当てはまる語句の適切な組
み合わせを選びなさい。

自己資本当期純利益率を分解すると，以下のとおりとなる。

$$\frac{\text{当期純利益}}{（\qquad）} = \frac{\text{当期純利益}}{（\quad \text{ア} \quad）} \times \text{総資本回転率} \times \frac{（\quad \text{イ} \quad）}{（\qquad）}$$

① （ア）売上高　　（イ）総資本

② （ア）売上高　　（イ）他人資本

③ （ア）総資本　　（イ）売上高

④ （ア）総資本　　（イ）他人資本

⑤ （ア）他人資本　（イ）売上高

146

【問8】 次の文章について，正誤の組み合わせとして正しいものを選びなさい。

（ア）財務レバレッジを高めると，自己資本比率は低下する。

（イ）財務レバレッジは，X2年度の方が高い。

① （ア）正　（イ）正　　② （ア）正　（イ）誤

③ （ア）誤　（イ）正　　④ （ア）誤　（イ）誤

【問9】 次の文章について，正誤の組み合わせとして正しいものを選びなさい。

（ア）フリー・キャッシュ・フローは，営業活動によるキャッシュ・フローと，投資活動によるキャッシュ・フローのバランスに着目した指標である。

（イ）フリー・キャッシュ・フローは，X2年度の方が大きい。

① （ア）正　（イ）正　　② （ア）正　（イ）誤

③ （ア）誤　（イ）正　　④ （ア）誤　（イ）誤

【問10】 次の文章について，正誤の組み合わせとして正しいものを選びなさい。

（ア）当期純利益が同額とすると，発行済株式数が少ない方が1株当たり当期純利益は小さくなる。

（イ）1株当たり当期純利益は，X2年度の方が大きい。

① （ア）正　（イ）正　　② （ア）正　（イ）誤

③ （ア）誤　（イ）正　　④ （ア）誤　（イ）誤

【問11】 次の文章の空欄 （ ア ）と（ イ ）に当てはまる数値と語句の適切な組み合わせを選びなさい。

X2年度の株価収益率は（ ア ）倍であり，X1年度より（ イ ）。

① （ア） 4.0 （イ）高い
② （ア） 4.0 （イ）低い
③ （ア）23.0 （イ）高い
④ （ア）23.0 （イ）低い

【問12】 次の文章について，正誤の組み合わせとして正しいものを選びなさい。

（ア）株価純資産倍率は，１株当たり株式時価が１株当たり純資産の何倍かを示す指標である。

（イ）株価純資産倍率は，X2年度の方が高い。

① （ア）正 （イ）正　　② （ア）正 （イ）誤
③ （ア）誤 （イ）正　　④ （ア）誤 （イ）誤

Ⅳ 同じ業種に属するＡ社とＢ社に関する〈資料１〉から〈資料４〉により，【問１】から【問13】の設問に答えなさい。分析にあたって，貸借対照表数値と従業員数は期末の数値を用いることとし，純資産を自己資本とみなす。△はマイナスを意味する。なお，計算にあたって端数が出る場合は，小数点以下第２位を四捨五入するものとする。

〈資料１〉 貸借対照表 （単位：百万円）

	A社	B社
資産の部		
流動資産		
現金及び預金	1,800	900
受取手形	1,100	1,000
売掛金	1,700	1,200
有価証券	3,800	2,500
商品及び製品	500	300
仕掛品	400	260
原材料及び貯蔵品	300	260
その他	430	300
貸倒引当金	△30	△20
流動資産合計	10,000	6,700
固定資産		
有形固定資産		
建物及び構築物	1,800	800
機械装置	400	300
工具器具備品	100	100
土地	700	1,040
有形固定資産合計	3,000	2,240
無形固定資産		
のれん	1,000	600
特許権	1,200	700
その他	800	650
無形固定資産合計	3,000	1,950

149

	投資その他の資産		
	投資有価証券	1,400	800
	長期貸付金	620	320
	貸倒引当金	△20	△10
	投資その他の資産合計	2,000	1,110
	固定資産合計	8,000	5,300
資産合計		18,000	12,000

	A社	B社
負債の部		
流動負債		
支払手形	1,200	600
買掛金	1,000	600
短期借入金	1,300	1,000
1年内償還予定の社債	( )	－
その他	2,000	3,500
流動負債合計	( )	5,700
固定負債		
社債	(ア)	800
長期借入金	1,000	400
その他	800	500
固定負債合計	( )	1,700
負債合計	9,800	7,400
純資産の部		
株主資本		
資本金	2,500	1,600
資本剰余金	1,710	1,000
利益剰余金	4,000	2,002
自己株式	△20	△10
株主資本合計	8,190	4,592
その他有価証券評価差額金	10	8
純資産合計	8,200	4,600
負債純資産合計	18,000	12,000

〈資料2〉 損益計算書 (単位：百万円)

	A社	B社
売上高	23,400	12,100
売上原価	18,400	9,000
売上総利益	5,000	3,100
販売費及び一般管理費	（ イ ）	2,100
営業利益	（ ）	1,000
営業外収益	200	200
営業外費用	（ ウ ）	600
経常利益	（ ）	600
特別利益	40	100
特別損失	20	40
税引前当期純利益	1,420	660
当期純利益	480	100

〈資料3〉 その他のデータ (単位：特記したものを除き百万円)

A社

社債　2,500（うち1年以内に償還期限が到来する社債　500）　給料　400

研究開発費　1,000　　支払利息　300　　広告宣伝費　800

減価償却費（販売費及び一般管理費）　100　　旅費交通費　100

交際費　100　　有価証券評価損　500　　賃借料　300　　保険料　200

従業員数　1,200人

B社

従業員数　600人

〈資料4〉　業界全体の平均値

売上高売上原価率　74.8%　　売上高経常利益率　2.8%
総資本経常利益率　3.6%　　自己資本当期純利益率　3.8%
従業員1人当たり売上高　22.17百万円

【問1】　A社の棚卸資産の金額を計算し，正しい数値を選びなさい。
　　　① 500　　② 800　　③ 820　　④ 900　　⑤ 1,200

【問2】　〈資料1〉の空欄（　ア　）に当てはまる数値を選びなさい。
　　　① 500　　② 600　　③ 1,000　　④ 2,000　　⑤ 2,500

【問3】　〈資料2〉の空欄（　イ　）に当てはまる数値を選びなさい。
　　　① 2,800　　② 3,000　　③ 3,300　　④ 3,500　　⑤ 3,800

【問4】　〈資料2〉の空欄（　ウ　）に当てはまる数値を選びなさい。
　　　① 300　　② 500　　③ 800　　④ 900　　⑤ 1,500

【問5】　次の文章について，正誤の組み合わせとして正しいものを選びなさい。

（ア）貸借対照表構成比率は，単表分析の指標である。
（イ）有形固定資産の貸借対照表構成比率は，A社の方が高い。

　　　①　（ア）正　（イ）正　　　②　（ア）正　（イ）誤
　　　③　（ア）誤　（イ）正　　　④　（ア）誤　（イ）誤

【問6】 次の文章について，正誤の組み合わせとして正しいものを選びなさい。

（ア）A社の売上高100円当たりの売上原価を業界平均値に近づけるために
は，売上原価を削減する必要がある。

（イ）売上高販売費及び一般管理費率からみると，販売費や一般管理費の費
用効率はA社の方が良好と推定される。

---

① （ア）正 （イ）正　　② （ア）正 （イ）誤

③ （ア）誤 （イ）正　　④ （ア）誤 （イ）誤

【問7】 次の文章について，正誤の組み合わせとして正しいものを選びなさい。

（ア）経常利益は，経営努力の成果を示すもので，企業業績を判断する数値
として重視される。

（イ）売上高経常利益率からみると，両社とも業界全体の平均値より優れて
いる。

---

① （ア）正 （イ）正　　② （ア）正 （イ）誤

③ （ア）誤 （イ）正　　④ （ア）誤 （イ）誤

【問8】 次の文章について，正誤の組み合わせとして正しいものを選びなさい。

（ア）A社とB社の売上高が，毎年10％の伸び率を継続したとするならば，
3年後には，A社の売上高はB社の売上高の2倍を超えると推定され
る。

（イ）売上高売上総利益率からみると，A社製品の方が利幅が大きいと推定
される。

---

① （ア）正 （イ）正　　② （ア）正 （イ）誤

③ （ア）誤 （イ）正　　④ （ア）誤 （イ）誤

【問9】 次の文章について，正誤の組み合わせとして正しいものを選びなさい。

（ア）正味運転資本は，マイナスにならない。

（イ）正味運転資本からみると，Ａ社の方が流動的な資金が多い。

① （ア）正 （イ）正　　② （ア）正 （イ）誤

③ （ア）誤 （イ）正　　④ （ア）誤 （イ）誤

【問10】 次の文章について，正誤の組み合わせとして正しいものを選びなさい。

（ア）自己資本比率は，長期的に財政状態が安定しているという視点からの指標である。

（イ）自己資本比率からみると，Ｂ社の方が弁済を要しない資金源泉の割合が高い。

① （ア）正 （イ）正　　② （ア）正 （イ）誤

③ （ア）誤 （イ）正　　④ （ア）誤 （イ）誤

【問11】 次の文章について，正誤の組み合わせとして正しいものを選びなさい。

（ア）総資本経常利益率は，Ａ社とＢ社ともに業界平均値より高いため，両社は投下資金に対する成果の効率が高いと推定される。

（イ）自己資本当期純利益率はＡ社の方が高いため，株主の出資に対する収益性はＡ社の方が良好であるといえる。

① （ア）正 （イ）正　　② （ア）正 （イ）誤

③ （ア）誤 （イ）正　　④ （ア）誤 （イ）誤

154

【問12】 次の文章について，正誤の組み合わせとして正しいものを選びなさい。

（ア）売上高当期純利益率と総資本回転率の改善は，総資本当期純利益率の
　　　増加要因である。

（イ）総資本回転率からみると，B社の方が投資効率が高いといえる。

① （ア）正 （イ）正　　② （ア）正 （イ）誤

③ （ア）誤 （イ）正　　④ （ア）誤 （イ）誤

【問13】 次の文章について，正誤の組み合わせとして正しいものを選びなさい。

（ア）従業員1人当たり売上高からみると，A社の方が生産性が高い。

（イ）従業員1人当たり売上高でみたB社の生産性が業界全体の平均値を満
　　　たすためには，売上高は少なくとも12％以上多くなければならない。

① （ア）正 （イ）正　　② （ア）正 （イ）誤

③ （ア）誤 （イ）正　　④ （ア）誤 （イ）誤

ビジネス会計
検定試験®

第 28 回 3 級 [問題]
〈制限時間 2 時間〉

（2021 年 3 月 14 日施行）

※　ビジネス会計検定試験の配点は，公表しておりません。
※　一部改題して掲載しています。

I 次の【問1】から【問12】の設問に答えなさい。

【問1】 金融商品取引法に関する次の文章について，正誤の組み合わせとして
正しいものを選びなさい。

（ア）事業を行うすべての会社に適用される。
（イ）主に投資者の保護を目的としている。

① （ア）正 （イ）正 　　② （ア）正 （イ）誤
③ （ア）誤 （イ）正 　　④ （ア）誤 （イ）誤

【問2】 次の文章について，正誤の組み合わせとして正しいものを選びなさい。

（ア）受取手形や売掛金などの債権が回収不能になることを,貸倒れという。
（イ）貸借対照表において，貸倒引当金は負債の部に表示される。

① （ア）正 （イ）正 　　② （ア）正 （イ）誤
③ （ア）誤 （イ）正 　　④ （ア）誤 （イ）誤

【問3】 次の文章について，正誤の組み合わせとして正しいものを選びなさい。

（ア）建物，機械装置，土地などの有形固定資産は，減価償却を行う。
（イ）定率法を用いると，毎期の減価償却費は一定となる。

① （ア）正 （イ）正 　　② （ア）正 （イ）誤
③ （ア）誤 （イ）正 　　④ （ア）誤 （イ）誤

158

【問 4 】 次の文章について，正誤の組み合わせとして正しいものを選びなさい。

(ア) のれんは，他社から営業を譲り受けた際に，相手方に対して対価として支払われた金額が受け入れた純資産の額を下回る額である。

(イ) のれんは，投資その他の資産に含まれる。

① （ア）正 （イ）正　　② （ア）正 （イ）誤

③ （ア）誤 （イ）正　　④ （ア）誤 （イ）誤

【問 5 】 次の文章について，正誤の組み合わせとして正しいものを選びなさい。

(ア) 会社設立のために要した費用は，繰延資産に計上することができる。

(イ) 貸借対照表において，繰延資産は，投資その他の資産に表示される。

① （ア）正 （イ）正　　② （ア）正 （イ）誤

③ （ア）誤 （イ）正　　④ （ア）誤 （イ）誤

【問 6 】 次の文章について，正誤の組み合わせとして正しいものを選びなさい。

(ア) 株式会社が保有している発行済みの自社株式を，自己株式という。

(イ) 新株予約権は，株主資本の区分に表示される。

① （ア）正 （イ）正　　② （ア）正 （イ）誤

③ （ア）誤 （イ）正　　④ （ア）誤 （イ）誤

【問 7 】 次の文章について，正誤の組み合わせとして正しいものを選びなさい。

(ア) 損益計算書は，一定期間の経営成績を表すものである。

(イ) 損益計算書において，営業活動で利益が出ていても当期純損失が計上されることがある。

① （ア）正 （イ）正　　② （ア）正 （イ）誤

③ （ア）誤 （イ）正　　④ （ア）誤 （イ）誤

【問8】　次の文章について，正誤の組み合わせとして正しいものを選びなさい。

（ア）費用は，原則として発生主義により計上される。

（イ）収益と費用の対応には個別的対応と期間的対応があるが，売上高と売上原価の対応は個別的対応にあたる。

① （ア）正 （イ）正　　② （ア）正 （イ）誤
③ （ア）誤 （イ）正　　④ （ア）誤 （イ）誤

【問9】　次の文章について，正誤の組み合わせとして正しいものを選びなさい。

（ア）本業で稼いだ利益のことを，営業利益という。

（イ）土地を売却して生じた損失は，営業外費用に含まれる。

① （ア）正 （イ）正　　② （ア）正 （イ）誤
③ （ア）誤 （イ）正　　④ （ア）誤 （イ）誤

【問10】　次の文章について，正誤の組み合わせとして正しいものを選びなさい。

（ア）法人税，住民税及び事業税のことを，法人税等調整額という。

（イ）法人税等調整額は，プラスの値になることもある。

① （ア）正 （イ）正　　② （ア）正 （イ）誤
③ （ア）誤 （イ）正　　④ （ア）誤 （イ）誤

160

【問11】 次の文章について，正誤の組み合わせとして正しいものを選びなさい。

（ア）社債の発行による収入は，財務活動によるキャッシュ・フローの区分に記載される。

（イ）自己株式の取得による支出は，投資活動によるキャッシュ・フローの区分に記載される。

---

① （ア）正 （イ）正　　② （ア）正 （イ）誤

③ （ア）誤 （イ）正　　④ （ア）誤 （イ）誤

【問12】 1株当たり純資産に関する次の文章について，正誤の組み合わせとして正しいものを選びなさい。

（ア）企業の純資産に対する資本市場の評価額を示す指標である。

（イ）最低株価の目安とされることがある指標である。

---

① （ア）正 （イ）正　　② （ア）正 （イ）誤

③ （ア）誤 （イ）正　　④ （ア）誤 （イ）誤

Ⅱ 次の【問1】から【問10】の設問に答えなさい。

【問1】 次の項目のうち，会社法上の計算書類に含まれるものの適切な組み合わせを選びなさい。

> ア．株主資本等変動計算書　　イ．附属明細表　　ウ．個別注記表
> エ．キャッシュ・フロー計算書　　オ．損益計算書

① アイウ　　② アイエ　　③ アウオ　　④ イエオ　　⑤ ウエオ

【問2】 次の文章の空欄（　ア　）に当てはまる語句を選びなさい。

> 資産の項目と負債または純資産の項目とを相殺することによって，その全部または一部を貸借対照表から除外してはならないとされている。これを（　ア　）の原則という。

① 正常営業循環基準　　② 重要性　　③ 実現主義　　④ 総額主義

【問3】 次の項目のうち，流動負債に表示されるものの適切な組み合わせを選びなさい。

> ア．前払費用　　イ．前受金　　ウ．繰延税金負債　　エ．電子記録債務
> オ．預り金

① アイオ　　② アウエ　　③ アウオ　　④ イウエ　　⑤ イエオ

【問4・問5共通】 次の文章について，【問4】と【問5】の設問に答えなさい。

（ア）売買目的有価証券の売却によって生じた損失

（イ）固定資産の使用に伴う価値の減少を費用として計上するもの

（ウ）自社が発行した社債に対して支払う利息

（エ）退職給付にかかる費用

（オ）火災保険の保険料

【問4】 （ア）と（イ）の文章が説明している項目の適切な組み合わせを選びなさい。

① （ア）有価証券売却損　　（イ）減損損失

② （ア）有価証券売却損　　（イ）減価償却費

③ （ア）投資有価証券売却損　（イ）減損損失

④ （ア）投資有価証券売却損　（イ）減価償却費

【問5】 （ア）から（オ）の文章が説明している項目のうち，営業外費用に該当するものの適切な組み合わせを選びなさい。

① アウ　　② アオ　　③ イエ　　④ イオ　　⑤ ウエ

【問6】 キャッシュ・フロー計算書に関する次の文章の空欄のうち，（　ア　）と（　イ　）に当てはまる語句の適切な組み合わせを選びなさい。

営業活動によるキャッシュ・フローの区分の表示方法には（　　　）と（　ア　）がある。（　ア　）とは，損益計算書の税引前当期純利益にいくつかの調整項目を加減して，営業活動によるキャッシュ・フローを表示する方法である。例えば，減損損失はこの調整において（　イ　）される。

① （ア）直接法　（イ）加算　　② （ア）直接法　（イ）減算

③ （ア）間接法　（イ）加算　　④ （ア）間接法　（イ）減算

【問7】 次の文章の空欄 （ ア ）と（ イ ）に当てはまる語句の適切な組み合わせを選びなさい。

> 企業情報には，財務諸表や従業員数といった定量情報と（ ア ）のような定性情報がある。企業の開示情報に，定性情報は（ イ ）。

① （ア）販売シェア　　（イ）含まれる
② （ア）販売シェア　　（イ）含まれない
③ （ア）経営者の資質　（イ）含まれる
④ （ア）経営者の資質　（イ）含まれない

【問8】 次の資料により，当期製品製造原価を計算し，正しい数値を選びなさい。（金額単位：省略）

> 製品期末棚卸高　400　　　製品期首棚卸高　600　　　売上総利益　1,000
> 売上高　3,000

① 1,200　　② 1,800　　③ 2,000　　④ 2,200　　⑤ 2,900

【問9】 次の資料により，営業外収益の金額を計算し，正しい数値を選びなさい。（金額単位：省略）

> 投資有価証券売却益　20　　　社債利息　15　　　有価証券評価益　20
> 受取配当金　5　　　有価証券利息　10　　　固定資産売却益　25

① 35　　② 40　　③ 45　　④ 55　　⑤ 60

【問10】　次の資料により，キャッシュ・フロー計算書における現金及び現金同
　　　　　等物の金額を計算し，正しい数値を選びなさい。（金額単位：省略）

| 当座預金　750 | 売掛金　1,500 | 現金　1,200 | 未収入金　200 |
| 通知預金　300 | | | |

　①　1,500　　②　1,950　　③　2,250　　④　2,450　　⑤　3,750

Ⅲ　A社とB社に関する〈資料1〉から〈資料4〉により，【問1】から【問13】の設問に答えなさい。分析にあたって，貸借対照表数値，発行済株式数，株価および従業員数は期末の数値を用いることとし，純資産を自己資本とみなす。△はマイナスを意味する。なお，計算にあたって端数が出る場合は，小数点以下第2位を四捨五入するものとする。

〈資料1〉　貸借対照表　　　　　　　　　　　　　　　　　（単位：百万円）

	A社	B社
資産の部		
流動資産	259,848	353,900
固定資産		
有形固定資産	62,450	81,000
無形固定資産	9,832	10,760
投資その他の資産	202,674	12,000
固定資産合計	274,956	103,760
資産合計	534,804	457,660
負債の部		
流動負債	191,987	158,400
固定負債	58,089	48,000
負債合計	250,076	206,400
純資産の部		
株主資本	283,364	248,920
評価・換算差額等	934	426
新株予約権	430	1,914
純資産合計	284,728	251,260
負債純資産合計	534,804	457,660

166

〈資料2〉　損益計算書　　　　　　　　　　　　　　　　（単位：百万円）

	A社	B社
売上高	272,102	349,380
売上原価	124,351	244,566
売上総利益	147,751	104,814
販売費及び一般管理費	119,234	81,534
営業利益	28,517	23,280
営業外収益	9,540	17,340
営業外費用	2,715	3,115
経常利益	35,342	37,505
特別利益	1,000	2,827
特別損失	1,677	537
税引前当期純利益	34,665	39,795
法人税，住民税及び事業税	12,230	15,800
法人税等調整額	1,343	1,423
法人税等合計	13,573	17,223
当期純利益	21,092	22,572

〈資料3〉　キャッシュ・フロー計算書　　　　（単位：百万円）

	A社
営業活動によるキャッシュ・フロー	140,000
投資活動によるキャッシュ・フロー	△66,700
財務活動によるキャッシュ・フロー	△47,335
現金及び現金同等物の増減額	25,965
現金及び現金同等物の期首残高	57,734
現金及び現金同等物の期末残高	83,699

〈資料4〉　その他のデータ

	A社	B社
発行済株式数（百万株）	340	290
株価（円）	1,410	1,450
従業員数（人）	1,320	570

【問1】 次の文章について，正誤の組み合わせとして正しいものを選びなさい。

（ア）損益計算書に記載される収益および費用と，キャッシュ・フロー計算書に記載されるキャッシュ・インフローおよびキャッシュ・アウトフローは，通常一致する。

（イ）A社は，保有資産の売却などにより現金を回収して資金の返済などに充てている。

---

① （ア）正 （イ）正　　② （ア）正 （イ）誤

③ （ア）誤 （イ）正　　④ （ア）誤 （イ）誤

【問2】 次の文章について，正誤の組み合わせとして正しいものを選びなさい。

（ア）貸借対照表構成比率は，貸借対照表の各項目の金額を純資産の金額で割って，百分比で表現したものである。

（イ）固定資産の貸借対照表構成比率は，A社の方が高い。

---

① （ア）正 （イ）正　　② （ア）正 （イ）誤

③ （ア）誤 （イ）正　　④ （ア）誤 （イ）誤

【問3】 次の文章について，正誤の組み合わせとして正しいものを選びなさい。

（ア）百分比損益計算書は，損益計算書の各項目の金額を売上高の金額で割って，百分比で表現したものである。

（イ）A社は，売上高100円について粗利益が45.7円生じているといえる。

---

① （ア）正 （イ）正　　② （ア）正 （イ）誤

③ （ア）誤 （イ）正　　④ （ア）誤 （イ）誤

【問 4 】 次の文章について，正誤の組み合わせとして正しいものを選びなさい。

（ア）B 社の売上高営業利益率は，10.5％である。

（イ）B 社の売上原価が実績値より15,000百万円低ければ，売上高営業利益率はA社を上回っていた。ただし，その他の数値は変わらないものとする。

① （ア）正 （イ）正 　 ② （ア）正 （イ）誤

③ （ア）誤 （イ）正 　 ④ （ア）誤 （イ）誤

【問 5 】 次の文章について，正誤の組み合わせとして正しいものを選びなさい。

（ア）流動比率が100％を切ると，正味運転資本はマイナスになる。

（イ）正味運転資本は，A社の方が大きい。

① （ア）正 （イ）正 　 ② （ア）正 （イ）誤

③ （ア）誤 （イ）正 　 ④ （ア）誤 （イ）誤

【問 6 】 次の文章について，正誤の組み合わせとして正しいものを選びなさい。

（ア）フリー・キャッシュ・フローは，投資キャッシュ・フローと財務キャッシュ・フローのバランスに着目した指標である。

（イ）A社のフリー・キャッシュ・フローは，73,300百万円である。

① （ア）正 （イ）正 　 ② （ア）正 （イ）誤

③ （ア）誤 （イ）正 　 ④ （ア）誤 （イ）誤

第28回試験問題

【問7】 次の文章について，正誤の組み合わせとして正しいものを選びなさい。

（ア）資本利益率の指標は，単表分析の1つである。

（イ）総資本経常利益率からみると，A社の方が，投下している資金総額で
経常利益を効率的に稼いでいるといえる。

① （ア）正 （イ）正 　　② （ア）正 （イ）誤
③ （ア）誤 （イ）正 　　④ （ア）誤 （イ）誤

【問8】 次の文章について，正誤の組み合わせとして正しいものを選びなさい。

（ア）自己資本当期純利益率は，売上高当期純利益率と総資本回転率と財務
レバレッジに分解することができる。

（イ）自己資本当期純利益率は，A社の方が良い。

① （ア）正 （イ）正 　　② （ア）正 （イ）誤
③ （ア）誤 （イ）正 　　④ （ア）誤 （イ）誤

【問9】 次の文章について，正誤の組み合わせとして正しいものを選びなさい。

（ア）総資本回転率は，投下資本総額と売上高を対比して，売上高を生み出
す効率や，売上高による総資本の回収の度合いを見る指標である。

（イ）総資本回転率は，A社の方が高い。

① （ア）正 （イ）正 　　② （ア）正 （イ）誤
③ （ア）誤 （イ）正 　　④ （ア）誤 （イ）誤

170

【問10】 次の文章について，正誤の組み合わせとして正しいものを選びなさい。

（ア）財務レバレッジを高めると，自己資本比率は高まる。

（イ）財務レバレッジは，A社の方が高い。

① （ア）正 （イ）正　　② （ア）正 （イ）誤

③ （ア）誤 （イ）正　　④ （ア）誤 （イ）誤

【問11】 次の文章について，正誤の組み合わせとして正しいものを選びなさい。

（ア）株価純資産倍率は，資産の継続価値が高く，純資産の価値が貸借対照表計上額を上回ると見込まれれば，1倍を大きく上回ることがある。

（イ）株価純資産倍率は，両社とも1倍を上回っている。

① （ア）正 （イ）正　　② （ア）正 （イ）誤

③ （ア）誤 （イ）正　　④ （ア）誤 （イ）誤

【問12】 次の文章について，正誤の組み合わせとして正しいものを選びなさい。

（ア）時価総額は，純資産に対する投資者による資本市場での評価額の総額に該当する。

（イ）時価総額は，A社の方が大きい。

① （ア）正 （イ）正　　② （ア）正 （イ）誤

③ （ア）誤 （イ）正　　④ （ア）誤 （イ）誤

【問13】 次の文章について，正誤の組み合わせとして正しいものを選びなさい。

（ア）労働時間当たりの労働効率が低くても，労働時間が長ければ１人当た
りの指標が高くなることもある。

（イ）従業員１人当たり売上高は，A社の方が大きい。

① （ア）正 （イ）正　　② （ア）正 （イ）誤

③ （ア）誤 （イ）正　　④ （ア）誤 （イ）誤

Ⅳ　A社に関する〈資料1〉から〈資料4〉により，【問1】から【問15】の
設問に答えなさい。分析にあたって，貸借対照表数値，発行済株式数およ
び株価は期末の数値を用いることとし，純資産を自己資本とみなす。△は
マイナスを意味する。なお，計算にあたって端数が出る場合は，小数点以
下第2位を四捨五入するものとする。

〈資料1〉　貸借対照表　　　　　　　　　　　　　　　　　（単位：百万円）

		X1年度	X2年度
資産の部			
流動資産			
現金及び預金		1,000	500
受取手形		1,300	800
売掛金	（　　　　　）		2,000
電子記録債権		1,000	1,700
有価証券		1,500	1,000
商品		1,000	500
その他		200	500
流動資産合計	（　　　　　）		7,000
固定資産			
有形固定資産			
建物		8,000	7,500
車両運搬具		1,000	2,000
備品	（　ア　　　）		2,350
有形固定資産合計	（　　　　　）		11,850
無形固定資産			
ソフトウェア		800	700
無形固定資産合計		800	700
投資その他の資産			
投資有価証券		1,200	2,000
長期前払費用		200	100
繰延税金資産		300	150
投資その他の資産合計		1,700	2,250
固定資産合計	（　　　　　）		14,800
繰延資産			
開発費		500	400
繰延資産合計		500	400
資産合計		24,000	22,200

173

	X1年度	X2年度
負債の部		
流動負債		
支払手形	800	400
買掛金	2,000	（ イ ）
電子記録債務	1,500	1,400
短期借入金	1,000	700
その他	200	170
流動負債合計	5,500	（ ）
固定負債		
長期借入金	3,000	2,230
退職給付引当金	1,000	（ ）
固定負債合計	4,000	（ ）
負債合計	9,500	（ ）
純資産の部		
株主資本	13,800	14,200
評価・換算差額等	400	200
新株予約権	300	300
純資産合計	14,500	14,700
負債純資産合計	24,000	22,200

〈資料2〉 損益計算書 （単位：百万円）

	X1年度	X2年度
売上高	（ ウ ）	（ ）
売上原価	（ ）	（ ）
売上総利益	（ ）	（ ）
販売費及び一般管理費	6,000	5,600
営業利益	（ ）	（ ）
営業外収益	500	200
営業外費用	500	1,200
経常利益	（ ）	（ オ ）
特別利益	－	500
特別損失	1,000	1,000
税引前当期純利益	（ ）	（ ）
法人税，住民税及び事業税	1,800	1,000
法人税等調整額	△300	△500
当期純利益	（ エ ）	（ ）

第28回試験問題

〈資料3〉 キャッシュ・フロー計算書 （単位：百万円）

	X1年度	X2年度
営業活動によるキャッシュ・フロー	5,000	3,000
投資活動によるキャッシュ・フロー	△1,000	（ カ ）
財務活動によるキャッシュ・フロー	△3,800	（ ）
現金及び現金同等物の増減額	200	（ ）
現金及び現金同等物の期首残高	800	1,000
現金及び現金同等物の期末残高	1,000	500

175

〈資料4〉 その他のデータ

X1年度

有形固定資産の貸借対照表構成比率　50％　　売上高売上総利益率　20％

総資本回転率　2.5回　　発行済株式数　10百万株　　1株株価　2,000円

X2年度

売上高：前年比20％減　　売上高売上総利益率：X1年度と同じ

正味運転資本　2,830百万円　　フリー・キャッシュ・フロー　2,000百万円

発行済株式数　11百万株　　1株株価　1,500円

【問1】 〈資料1〉の空欄（　ア　）に当てはまる数値を選びなさい。

① 1,000　　② 1,500　　③ 2,000　　④ 2,500　　⑤ 3,000

【問2】 〈資料1〉の空欄（　イ　）に当てはまる数値を選びなさい。

① 500　　② 1,000　　③ 1,500　　④ 2,000　　⑤ 2,500

【問3】 〈資料2〉の空欄（　ウ　）に当てはまる数値を選びなさい。

① 40,000　　② 50,000　　③ 60,000　　④ 70,000　　⑤ 80,000

【問4】 〈資料2〉の空欄（　エ　）に当てはまる数値を選びなさい。

① 2,000　　② 2,500　　③ 3,000　　④ 3,500　　⑤ 4,000

【問5】 〈資料2〉の空欄（　オ　）に当てはまる数値を選びなさい。

① 1,000　　② 2,000　　③ 3,000　　④ 4,000　　⑤ 5,000

【問6】 〈資料3〉の空欄（　カ　）に当てはまる数値を選びなさい。

① △2,500　　② △2,000　　③ △1,500　　④ △1,000　　⑤ △500

【問7】 次の文章について，正誤の組み合わせとして正しいものを選びなさい。

（ア）キャッシュ・フロー計算書を間接法で作成する場合，減価償却費は税
　　　引前当期純利益から減算する。
（イ）X1年度のキャッシュ・フロー計算書は，営業活動により生み出した
　　　キャッシュを会社の将来の事業のための投資活動と借入金返済の財務
　　　活動に充てている資金繰りのパターンといえる。

① （ア）正 （イ）正　　　② （ア）正 （イ）誤
③ （ア）誤 （イ）正　　　④ （ア）誤 （イ）誤

【問8】 次の文章の空欄（　ア　）と（　イ　）に当てはまる数値と語句の適
　　　　切な組み合わせを選びなさい。

　X2年度の売上債権は（　ア　）百万円であり，X1年度より（　イ　）し
ている。

① （ア）2,800 （イ）増加　　② （ア）2,800 （イ）減少
③ （ア）4,500 （イ）増加　　④ （ア）4,500 （イ）減少

【問9】 次の文章について，正誤の組み合わせとして正しいものを選びなさい。

（ア）X2年度の売上総利益の伸び率は，△25％である。
（イ）売上高が今後2年間とも10％の伸び率を継続したとすると，X4年度の
　　　売上高はX1年度の売上高まで回復する。

① （ア）正 （イ）正　　　② （ア）正 （イ）誤
③ （ア）誤 （イ）正　　　④ （ア）誤 （イ）誤

【問10】 次の文章について，正誤の組み合わせとして正しいものを選びなさい。

（ア）安全性分析の指標は，企業の支払能力や債務の弁済能力の判定に用いられる。

（イ）流動比率からみると，X2年度の方が安全性が高い。

① （ア）正 （イ）正 　　② （ア）正 （イ）誤
③ （ア）誤 （イ）正 　　④ （ア）誤 （イ）誤

【問11】 次の文章について，正誤の組み合わせとして正しいものを選びなさい。

（ア）手元流動性は，現金及び預金，有価証券，投資有価証券の合計金額で示される指標である。

（イ）手元流動性は，X2年度の方が大きい。

① （ア）正 （イ）正 　　② （ア）正 （イ）誤
③ （ア）誤 （イ）正 　　④ （ア）誤 （イ）誤

【問12】 次の文章について，正誤の組み合わせとして正しいものを選びなさい。

（ア）自己資本比率は，貸借対照表における資金の調達源泉全体に占める自己資本の割合を示す指標である。

（イ）自己資本比率は，X2年度の方が高い。

① （ア）正 （イ）正 　　② （ア）正 （イ）誤
③ （ア）誤 （イ）正 　　④ （ア）誤 （イ）誤

【問13】 次の文章について，正誤の組み合わせとして正しいものを選びなさい。

（ア）総資本経常利益率は，売上高経常利益率と，企業の投下資本総額と経常利益を対比した総資本回転率に分解できる。

（イ）売上高経常利益率は，X2年度の方が高い。

① （ア）正 （イ）正　　② （ア）正 （イ）誤

③ （ア）誤 （イ）正　　④ （ア）誤 （イ）誤

【問14】 次の文章について，正誤の組み合わせとして正しいものを選びなさい。

（ア）当期純利益が同額であっても，発行済株式数が異なる場合，1株当たり当期純利益は異なる。

（イ）1株当たり当期純利益は，X2年度の方が大きい。

① （ア）正 （イ）正　　② （ア）正 （イ）誤

③ （ア）誤 （イ）正　　④ （ア）誤 （イ）誤

【問15】 次の文章について，正誤の組み合わせとして正しいものを選びなさい。

（ア）株価収益率は，X2年度の方が高い。

（イ）1株当たり純資産は，X2年度の方が小さい。

① （ア）正 （イ）正　　② （ア）正 （イ）誤

③ （ア）誤 （イ）正　　④ （ア）誤 （イ）誤

第28回試験問題

第24回 3級【解答・解説】

Ⅰ

【問1】 ①
　…▷［テキスト］第1章第3節参照

【問2】 ③
　（ア）貸倒引当金は，受取手形や売掛金から控除する形式で表示するか，受取手形や売掛金をその控除後の金額で表示します。
　　…▷［テキスト］第2章第1節❸，第2節❸参照

【問3】 ②
　…▷［テキスト］第2章第2節❹参照

【問4】 ④
　（ア）正常営業循環基準とワンイヤー・ルールを適用して流動負債に分類されなかった負債が，固定負債に分類されます。
　（イ）未払法人税等は，流動負債に含まれます。
　　…▷［テキスト］第2章第3節❶❷参照

【問5】 ③
　（ア）その他有価証券評価差額金は，貸借対照表の評価・換算差額等に計上されます。
　　…▷［テキスト］第2章第4節❸❹参照

【問6】 ②
　…▷［テキスト］第3章第1節❶，第2節❸参照

【問7】 ②
　（イ）固定資産売却損は，特別損失に含まれます。
　　…▷［テキスト］第3章第4節❶，第6節❸参照

【問8】 ①
　…▷［テキスト］第4章第1節❹参照

【問9】 ①
　…▷［テキスト］第4章第2節❶❹参照

【問10】 ②
　（イ）株式の発行による収入は，財務活動によるキャッシュ・フローの区分に記載されます。
　　…▷［テキスト］第4章第4節❸参照

【問11】 ②
　（イ）営業活動により生み出したキャッシュで，投資を行うとともに，借入金の返済などを行っていると判断できます。
　　…▷［テキスト］第4章第2節❷，第4節❺参照

181

Ⅱ

【問1】 ④

⋯▷ ［テキスト］第1章第3節参照

【問2】 ①

アが正しい。

イ．勘定式の貸借対照表の右側には，資金の調達源泉である負債と純資産が表示されます。

⋯▷ ［テキスト］第2章第1節❶❷❸参照

【問3】 ③

⋯▷ ［テキスト］第2章第2節❷参照

【問4】 ①

⋯▷ ［テキスト］第2章第2節❸参照

【問5】 ②

建設仮勘定，土地が該当します。

⋯▷ ［テキスト］第2章第2節❹参照

【問6】 ⑤

⋯▷ ［テキスト］第2章第2節❹参照

【問7】 ②

ア（有価証券売却益），オ（受取配当金）が営業外収益に含まれ，経常利益の増加要因となります。

イ（投資有価証券売却益）は特別利益，ウ（有価証券評価損），エ（支払利息）は営業外費用に含まれます。

⋯▷ ［テキスト］第3章第5節参照

【問8】 ②

⋯▷ ［テキスト］第3章第7節❸参照

【問9】 ④

①は財務活動による収入，②は投資活動による収入，③⑤は投資活動による支出に該当します。

⋯▷ ［テキスト］第4章第4節❸参照

【問10】 ⑤

⋯▷ ［テキスト］第5章第2節❷参照

【問11】 ③

①は自己資本利益率（ROE），②は株価収益率（PER），④は株価純資産倍率（PBR）についての説明です。

⋯▷ ［テキスト］第5章第10節❸参照

【問12】 ③

・売上高3,000－売上原価＝売上総利益2,000より，売上原価1,000

・売上原価1,000＝商品期首棚卸高300＋当期商品仕入高－商品期末棚卸高200より，

182

当期商品仕入高900

⋯⟩［テキスト］第4章第3節参照

【問13・問14共通】

【問13】 ②

【問14】 ⑤

以下のような損益計算書（部分）になります。

営業利益	120	
営業外収益	15	（受取利息 5 ＋有価証券利息10）
営業外費用	35	（社債利息10＋有価証券売却損25）
経常利益	100	
特別利益	10	（固定資産売却益10）
特別損失	35	（減損損失20＋投資有価証券売却損15）
税引前当期純利益	75	

⋯⟩［テキスト］【問13】【問14】第4章第5節・第6節参照

第
24
回
解
答
・
解
説

183

Ⅲ

【問1】 ①　　【問2】 ②　　【問3】 ③　　【問4】 ③　　【問5】 ③
【問6】 ①　　【問7】 ①　　【問8】 ②　　【問9】 ①　　【問10】 ③
【問11】 ④　　【問12】 ②

各指標は，以下のとおりです。

	指標	X1年度	X2年度
【問1】	粗利益率（％）	24.7	28.2
【問2】	営業利益の伸び率（％）		40.2
	経常利益の伸び率（％）		34.9
【問3】	売上高の対前年度比率（％）		117.9
【問4】	流動比率（％）	129.5	146.3
【問5】	当座比率（％）　当座資産にその他を含む場合	119.5	136.1
	・当座資産＝流動資産－棚卸資産（百万円）	130,457	152,872
	当座比率（％）　当座資産にその他を含まない場合	113.2	129.5
	・当座資産＝流動資産－棚卸資産－その他（百万円）	123,602	145,405
【問6】	自己資本当期純利益率（％）	11.5	13.3
【問8】	財務レバレッジ（％）	151.7	135.3
【問9】	フリー・キャッシュ・フロー（百万円）	1,605	16,377
【問10】	1株当たり当期純利益（円）	534.8	683.9
【問11】	株価収益率（倍）	27.1	23.0
【問12】	株価純資産倍率（倍）	3.11	3.06
	1株当たり純資産（円）	4660.7	5137.9

┉❯ ［テキスト］【問1】第5章第5節❷参照　【問2】第5章第6節❷参照
　　　　　　 【問3】第5章第6節❶・コラム参照　【問4】第5章第7節❶参照
　　　　　　 【問5】第5章第7節❹参照　【問6】第5章第9節❸参照
　　　　　　 【問7】第5章第9節❹参照　【問8】第5章第9節❹参照
　　　　　　 【問9】第5章第8節❷参照　【問10】第5章第10節❶参照
　　　　　　 【問11】第5章第10節❷参照　【問12】第5章第10節❹参照

Ⅳ

【問1】　⑤　　【問2】　④　　【問3】　②　　【問4】　③　　【問5】　②

【問6】　①　　【問7】　①　　【問8】　④　　【問9】　③　　【問10】　②

【問11】　①　　【問12】　②　　【問13】　④

　貸借対照表，損益計算書は，以下のようになります。

〈資料1〉　**貸借対照表**（空欄部分）　　　　　　　　　　　　　　　（単位：百万円）

	A社	B社
負債の部		
流動負債		
⋮	⋮	⋮
1年内償還の社債	（　ア　　500）	－
⋮	⋮	⋮
流動負債合計	（　　　6,000）	5,700
固定負債		
社債	（　　　2,000）	800
⋮	⋮	⋮
固定負債合計	（　　　3,800）	1,700

〈資料2〉　**損益計算書**（空欄部分）　　　　　　　　　　　　　　　（単位：百万円）

	A社	B社
⋮	⋮	⋮
販売費及び一般管理費	（　イ　3,000）	2,100
営業利益	（　　　2,000）	1,000
⋮	⋮	⋮
営業外費用	（　ウ　　800）	600
経常利益	（　　　1,400）	600

【問1】

　棚卸資産1,200＝商品及び製品500＋仕掛品400＋原材料及び貯蔵品300

【問2】

　〈資料3〉より，（固定負債）社債2,000＝社債2,500－1年内償還予定の社債500

【問3】

　販売費及び一般管理費3,000＝給料400＋研究開発費1,000＋広告宣伝費800

　　　＋減価償却費100＋旅費交通費100＋交際費100＋賃借料300＋保険料200

185

【問4】

営業外費用800＝支払利息300＋有価証券評価損500

【問6】

（ア）売上高売上原価率から判断します。

〈資料4〉より，売上高売上原価率の業界平均値74.8（％）であり，売上原価率を下げる（＝売上原価を削減する）必要があります。

（イ）費用率は低い方が良好といえます。

【問7】

（イ）売上高経常利益率

〈資料4〉より，業界全体の平均値2.8（％）

【問8】

（ア）3年後の売上高

・A社31,145.4＝23,400×｛1＋0.1（10％）｝^{3}

・B社16,105.1＝12,100×｛1＋0.1（10％）｝^{3}

・A社31,145.4＜B社16,105.1×2

【問11】

（ア）総資本経常利益率

〈資料4〉より，業界全体の平均値3.6（％）

【問12】

（ア）総資本当期純利益率は売上高当期純利益率と総資本回転率に要素分解できるので，各要素の改善により総資本当期純利益率は上昇します。

【問13】

（イ）

・業界全体の平均値を満たすのに必要な売上高13,302＝22.17×600

・$\dfrac{必要な売上高13,302－実際の売上高12,100}{実際の売上高12,100}×100＝9.93\cdots（％）$

以上より，売上高が約9.93％を超えて多ければ（12％でなくても）業界全体の平均値を満たすことになります。

各指標は，以下のとおりです。

	指標	A社	B社
【問5】	有形固定資産の貸借対照表構成比率(%)	16.7	18.7
【問6】	売上高売上原価率(%)	78.6	—
	売上高販売費及び一般管理費率(%)	12.8	17.4
【問7】	売上高経常利益率(%)	6.0	5.0
【問8】	売上高売上総利益率(%)	21.4	25.6
【問9】	正味運転資本(百万円)	4,000	1,000
【問10】	自己資本比率(%)	45.6	38.3
【問11】	総資本経常利益率(%)	7.8	5.0
	自己資本当期純利益率(%)	5.9	2.2
【問12】	総資本回転率(回)	1.3	1.0
【問13】	従業員1人当たり売上高(百万円)	19.5	20.2

⋯▷ ［テキスト］【問1】第2章第2節❸参照　【問2】第2章第3節❸参照
　　　　　【問3】第3章第4節❷参照　【問4】第3章第5節❸参照
　　　　　【問5】第5章第5節❶参照　【問6】第5章第5節❷参照
　　　　　【問7】第3章第5節❶，第5章第5節❷参照
　　　　　【問8】第5章第5節❷，第6節❸参照
　　　　　【問9】第5章第7節❷参照　【問10】第5章第7節❺参照
　　　　　【問11】第5章9節❷❸参照　【問12】第5章第9節❹参照
　　　　　【問13】第5章第11節参照

第24回解答・解説

187

第28回3級【解答・解説】

I

【問1】 ③

　⋯⟩〔テキスト〕第1章第3節参照

【問2】 ②

　（イ）貸倒引当金は，受取手形や売掛金から控除する形式で表示するか，受取手形や売掛金をその控除後の金額で表示します。

　⋯⟩〔テキスト〕第2章第2節❸参照

【問3】 ④

　（ア）土地は，減価償却を行いません。

　⋯⟩〔テキスト〕第2章第2節❹参照

【問4】 ④

　（ア）受け入れた純資産の額を上回る額です。

　⋯⟩〔テキスト〕第2章第2節❹参照

【問5】 ②

　⋯⟩〔テキスト〕第2章第2節❺参照

【問6】 ②

　⋯⟩〔テキスト〕第2章第4節❷❹参照

【問7】 ①

　⋯⟩〔テキスト〕第3章第1節❶❺参照

【問8】 ①

　⋯⟩〔テキスト〕第3章第2節❷❹参照

【問9】 ②

　（イ）固定資産売却損は，特別損失に含まれます。

　⋯⟩〔テキスト〕第3章第4節❶，第6節❸参照

【問10】 ③

　（ア）法人税，住民税及び事業税をまとめて法人税等という場合があります。

　⋯⟩〔テキスト〕第3章第7節❷❸参照

【問11】 ②

　（イ）財務活動によるキャッシュ・フローの区分に記載されます。

　⋯⟩〔テキスト〕第4章第4節❸参照

【問12】 ③

　（ア）時価総額の説明です。

　⋯⟩〔テキスト〕第5章第10節❸参照

188

Ⅱ

【問1】 ③

⋯▷ ［テキスト］第1章第3節参照

【問2】 ④

⋯▷ ［テキスト］第2章第1節❸参照

【問3】 ⑤

アは流動資産，ウは固定負債に表示されます。

⋯▷ ［テキスト］第2章第3節❷参照

【問4・問5共通】

【問4】 ②

⋯▷ ［テキスト］第3章第4節❷，第5節❸参照

【問5】 ①

⋯▷ ［テキスト］第3章第5節❸参照

【問6】 ③

最初の文章は以下のようになります。

営業活動によるキャッシュ・フローの区分の表示方法には（直接法）と（ア　間接法）がある。

⋯▷ ［テキスト］第4章第4節❶参照

【問7】 ③

⋯▷ ［テキスト］第5章第2節❷参照

【問8】 ②

・売上高3,000－売上原価＝売上総利益1,000より，売上原価2,000

・売上原価2,000＝製品期首棚卸高600＋当期製品製造原価－製品期末棚卸高400より，当期製品製造原価1,800

⋯▷ ［テキスト］第3章第3節❸参照

【問9】 ①

営業外収益35＝有価証券評価益20＋受取配当金5＋有価証券利息10

⋯▷ ［テキスト］第3章第5節❷参照

【問10】 ③

現金及び現金同等物2,250＝現金1,200＋当座預金750＋通知預金300

⋯▷ ［テキスト］第4章第1節❹参照

Ⅲ

【問1】　④　　【問2】　③　　【問3】　②　　【問4】　③　　【問5】　②

【問6】　③　　【問7】　④　　【問8】　②　　【問9】　②　　【問10】　③

【問11】　①　　【問12】　①　　【問13】　②

【問1】

（イ）A社はキャッシュを投資活動に投入（資産を取得）していると判断できます。

【問2】

（ア）純資産の金額ではなく，資産合計または負債純資産合計の金額で割って，百分比で表現したものです。

【問4】

（イ）

・A社の売上高営業利益率10.5（％）＝ $\dfrac{\text{営業利益28,517}}{\text{売上高272,102}}$ ×100

・B社の売上原価が15,000低い場合

営業利益38,280＝売上高349,380－売上原価229,566（244,566－15,000）－販売費及び一般管理費81,534

売上高営業利益率11.0（％）＝ $\dfrac{\text{営業利益38,280}}{\text{売上高349,380}}$ ×100

【問5】

（イ）正味運転資本

・A社67,861（百万円）＝流動資産259,848－流動負債191,987

・B社195,500（百万円）＝流動資産353,900－流動負債158,400

【問6】

（ア）営業活動によるキャッシュ・フローと投資活動によるキャッシュ・フローのバランスに着目した指標です。

【問7】

（ア）資本利益率の指標は，複表分析の１つです。

各指標は，以下のとおりです。

	指標	A社	B社
【問2】	固定資産の貸借対照表構成比率(%)	51.4	22.7
【問3】	売上総利益率（粗利益率）（%）	54.3	―
【問4】	売上高営業利益率(%)	10.5	6.7
【問5】	正味運転資本(百万円)	67,861	195,500
【問6】	フリー・キャッシュ・フロー(百万円)	73,300	―
【問7】	総資本経常利益率(%)	6.6	8.2
【問8】	自己資本当期純利益率(%)	7.4	9.0
【問9】	総資本回転率(回)	0.51	0.76
【問10】	財務レバレッジ(%)	187.8	182.2
【問11】	株価純資産倍率(倍)	1.68	1.67
	1株当たり純資産(円)	837.4	866.4
【問12】	時価総額(百万円)	479,400	420,500
【問13】	従業員1人当たり売上高(百万円)	206.1	612.9

⋯⟩ ［テキスト］【問1】第4章第2節❷，第4節❺参照　【問2】第5章第5節❶参照
　　　　　　【問3】第5章第5節❷参照　【問4】第5章第5節❷参照
　　　　　　【問5】第5章第7節❷参照　【問6】第5章第8節❷参照
　　　　　　【問7】第5章第3節❷，第9節❷参照　【問8】第5章第9節❸❹参照
　　　　　　【問9】第5章第9節❹参照　【問10】第5章第9節❹参照
　　　　　　【問11】第5章第105節❹参照　【問12】第5章第10節❺参照
　　　　　　【問13】第5章第11節参照

第28回解答・解説

191

Ⅳ

【問1】	⑤	【問2】	③	【問3】	③	【問4】	④	【問5】	③
【問6】	④	【問7】	③	【問8】	④	【問9】	④	【問10】	①
【問11】	④	【問12】	①	【問13】	④	【問14】	②	【問15】	①

　貸借対照表，損益計算書，キャッシュ・フロー計算書は，以下のようになります。

〈資料1〉　**貸借対照表**（空欄部分）　　　　　　　　　　　　　　（単位：百万円）

	X1年度	X2年度
⋮	⋮	⋮
売掛金	（　　3,000）	2,000
⋮	⋮	⋮
流動資産合計	（　　9,000）	7,000
⋮	⋮	⋮
備品	（ ア　3,000）	2,350
有形固定資産合計	（　12,000）	11,850
⋮	⋮	⋮
固定資産合計	（　14,500）	14,800
⋮	⋮	⋮
⋮	⋮	⋮
買掛金	2,000	（ イ　1,500）
⋮	⋮	⋮
流動負債合計	5,500	（　　4,170）
⋮	⋮	⋮
退職給付引当金	1,000	（　　1,100）
固定負債合計	4,000	（　　3,330）
負債合計	9,500	（　　7,500）

192

〈資料2〉 **損益計算書**（空欄部分）　　　　　　　　　　　　　　　（単位：百万円）

	X1年度	X2年度
売上高	（ ウ 60,000）	（ 48,000）
売上原価	（ 48,000）	（ 38,400）
売上総利益	（ 12,000）	（ 9,600）
⋮	⋮	⋮
営業利益	（ 6,000）	（ 4,000）
⋮	⋮	⋮
経常利益	（ 6,000）	（ オ 3,000）
⋮	⋮	⋮
税引前当期純利益	（ 5,000）	（ 2,500）
⋮	⋮	⋮
当期純利益	（ エ 3,500）	（ 2,000）

〈資料3〉 **キャッシュ・フロー計算書**（空欄部分）　　　　　　　（単位：百万円）

	X1年度	X2年度
⋮	⋮	⋮
投資活動によるキャッシュ・フロー	△1,000	（ カ △1,000）
財務活動によるキャッシュ・フロー	△3,800	（ △2,500）
現金及び現金同等物の増減額	200	（ △500）

【問1】

・有形固定資産の貸借対照表構成比率50（％）＝ $\dfrac{\text{有形固定資産}}{\text{資産合計24,000}} \times 100$　より，

　有形固定資産合計12,000百万円

・備品3,000＝有形固定資産合計12,000－（建物8,000＋車両運搬具1,000）

【問2】

・正味運転資2,830＝流動資産7,000－流動負債より，流動負債合計4,170

・買掛金1,500＝流動負債合計4,170－（支払手形400＋電子記録債務1,400＋短期借
　入金700＋その他170）

【問3】

・総資本回転率2.5（回）＝ $\dfrac{\text{売上高}}{\text{総資本24,000}}$　より，X1年度売上高60,000

【問4】

・売上高売上総利益率20（％）＝ $\dfrac{\text{売上総利益}}{\text{売上高60,000}} \times 100$　より，売上総利益12,000

・当期純利益3,500＝売上総利益12,000－販売費及び一般管理費6,000＋営業外収益500－営業外費用500－特別損失1,000－（法人税，住民税及び事業税1,800＋法人税等調整額△300）

【問5】

〈資料4〉「X2年度売上高：前年比20％減」「X2年度売上高売上総利益率：X1年度と同じ」より，X2年度の数値は下記のようになります。

・売上高48,000＝X1年度売上高60,000×（1－0.2）

・売上高売上総利益率20（％）＝ $\dfrac{売上総利益}{売上高48,000}$ ×100　より，売上総利益9,600

・経常利益3,000＝売上総利益9,600－販売費及び一般管理費5,600＋営業外収益200－営業外費用1,200

【問6】

・フリー・キャッシュ・フロー2,000＝営業活動によるキャッシュ・フロー3,000＋投資活動によるキャッシュ・フローより，投資活動によるキャッシュ・フロー△1,000

【問7】

（ア）減価償却費は税引前当期純利益に加算します。

【問9】

（イ）X4年度売上高58,080＝X2年度売上高48,000×1.12

【問11】

（ア）投資有価証券は算入しません。

【問13】

（ア）「企業の投下資本総額と売上高を対比した総資本回転率」です。

各指標は，以下のとおりです。

	指標	X1年度	X2年度
【問8】	売上債権（百万円）	5,300	4,500
【問9】	売上総利益の伸び率（％）		△20
【問10】	流動比率（％）	163.6	167.9
【問11】	手元流動性（百万円）	2,500	1,500
【問12】	自己資本比率（％）	60.4	66.2
【問13】	売上高経常利益率（％）	10.0	6.3
【問14】	1株当たり当期純利益（円）	350.0	181.8
【問15】	株価収益率（倍）	5.7	8.3
	1株当たり純資産（円）	1,450	1,336.4

⋯⟩［テキスト］【問1】第5章第5節❶参照　【問2】第5章第7節❷参照

【問3】第5章第9節❹参照　【問4】第5章第5節❷参照

【問5】第5章第5節❷，第6節❷参照　【問6】第5章第8節❷参照

【問7】第5章第4節❶❺参照　【問8】第5章第5節参照

【問9】第5章第6節❷❸参照　【問10】第5章第7節❶参照

【問11】第5章第7節❸参照　【問12】第5章第7節❺参照

【問13】第5章第9節❹参照　【問14】第5章第10節❶参照

【問15】第5章第10節❷❸参照

第28回解答・解説

3級で対象となる主要指標

テキスト第5章掲載分。ただし，これら以外にも派生的な指標があり，すべてを網羅したものではありません。

基本分析：百分比財務諸表分析（第5節）	
貸借対照表構成比率(%)	$= \dfrac{\text{貸借対照表の各項目の金額}}{\text{資産合計（または負債純資産合計）}} \times 100$
百分比損益計算書(%)	$= \dfrac{\text{損益計算書の各項目の金額}}{\text{売上高}} \times 100$

成長性および伸び率の分析（第6節）	
対前年度比率(%)	$= \dfrac{\text{分析対象年度の金額}}{\text{分析対象年度の前年度の金額}} \times 100$
伸び率（増減率）(%)	$= \dfrac{\text{分析対象年度の金額} - \text{分析対象年度の前年度の金額}}{\text{分析対象年度の前年度の金額}} \times 100$
対基準年度比率(%)	$= \dfrac{\text{分析対象年度の金額}}{\text{基準年度（特定年度）の金額}} \times 100$

安全性の分析（第7節）	
流動比率(%)	$= \dfrac{\text{流動資産}}{\text{流動負債}} \times 100$
正味運転資本(円)	= 流動資産 − 流動負債
手元流動性（手元資金）(円)	= 現金及び預金 ＋ 有価証券
当座比率(%)	$= \dfrac{\text{当座資産}}{\text{流動負債}} \times 100$
自己資本比率(%)	$= \dfrac{\text{自己資本（＝純資産）}}{\text{負債純資産合計}} \times 100$

キャッシュ・フロー情報の利用（第8節）	
フリー・キャッシュ・フロー(円)	＝営業活動によるキャッシュ・フロー＋投資活動によるキャッシュ・フロー

収益性の分析（第9節）	
総資本経常利益率(%)	$= \dfrac{\text{経常利益}}{\text{負債純資産合計}} \times 100$
総資本経常利益率の要素分解	＝売上高経常利益率×総資本回転率
売上高経常利益率(%)	$= \dfrac{\text{経常利益}}{\text{売上高}} \times 100$（百分比損益計算書の経常利益率）

総資本回転率(回)	$= \dfrac{売上高}{総資本}$
自己資本利益率(%)	$= \dfrac{当期純利益}{自己資本} \times 100$
自己資本利益率の要素分解	$=$ 売上高当期純利益率×総資本回転率×財務レバレッジ
売上高当期純利益率(%)	$= \dfrac{当期純利益}{売上高} \times 100$（百分比損益計算書の当期純利益率）
財務レバレッジ(%)	$= \dfrac{総資本}{自己資本} \times 100$
1株当たり分析（第10節）	
1株当たり当期純利益(円)	$= \dfrac{当期純利益}{発行済株式数}$
株価収益率(PER)(倍)	$= \dfrac{1株当たり株式時価}{1株当たり当期純利益}$
1株当たり純資産(円)	$= \dfrac{純資産}{発行済株式数}$
株価純資産率(PBR)(倍)	$= \dfrac{1株当たり株式時価}{1株当たり純資産}$
時価総額(円)	$=$ 1株当たり株価×発行済株式数
1人当たり分析（第11節）	
従業員1人当たり売上高(円)	$= \dfrac{売上高}{従業員数}$

ビジネス会計検定試験のご案内

1．級別概要

	3　級	2　級	1　級
到達目標	会計の用語，財務諸表の構造・読み方・分析等，財務諸表を理解するための基礎的な力を身につける。	企業の経営戦略や事業戦略を理解するため，財務諸表を分析する力を身につける。	企業の成長性や課題，経営方針・戦略などを理解・判断するため，財務諸表を含む会計情報を総合的かつ詳細に分析し企業評価できる力を身につける。
出題範囲	1．財務諸表の構造や読み方に関する基礎知識 ①財務諸表とは 　（財務諸表の役割と種類） ②貸借対照表，損益計算書，キャッシュ・フロー計算書の構造と読み方 　（貸借対照表〈資産，負債，純資産〉・損益計算書〈売上総利益，営業利益，経常利益，税引前当期純利益，当期純利益〉・キャッシュ・フロー計算書の内容）	1．財務諸表の構造や読み方，財務諸表を取り巻く諸法令に関する知識 ①会計の意義と制度 　（会計の役割，会計の制度〈金融商品取引法・会社法の会計制度，金融商品取引所の開示規則〉） ②連結財務諸表の構造と読み方 　（財務諸表の種類，連結貸借対照表・連結損益計算書・連結包括利益計算書・株主資本等変動計算書・連結キャッシュ・フロー計算書の内容，附属明細表と注記）	1．会計情報に関する総合的な知識 ①ディスクロージャー 　（会社法上のディスクロージャー，金融商品取引法上のディスクロージャー，証券取引所のディスクロージャー，任意開示，ディスクロージャーの電子化） ②財務諸表と計算書類 　（財務諸表と計算書類の体系，連結損益計算書・連結包括利益計算書・連結貸借対照表・連結キャッシュ・フロー計算書・連結株主資本等変動計算書の内容） ③財務諸表項目の要点 　（金融商品，棚卸資産，固定資産と減損，繰延資産と研究開発費，引当金と退職給付，純資産，外貨換算，リース会計，税効果，会計方針の開示および会計上の変更等，連結財務諸

199

		表注記と連結附属明細表，セグメント情報，企業結合・事業分離） ④財務諸表の作成原理（概念フレームワーク，会計基準，内部統制）
2．財務諸表の基本的な分析 ①基本分析 ②成長率および伸び率の分析 ③安全性の分析 ④キャッシュ・フロー情報の利用 ⑤収益性の分析 ⑥1株当たり分析 ⑦1人当たり分析	2．財務諸表の応用的な分析 ①基本分析 ②安全性の分析 ③収益性の分析 ④キャッシュ・フローの分析 ⑤セグメント情報の分析 ⑥連単倍率と規模倍率 ⑦損益分岐点分析 ⑧1株当たり分析 ⑨1人当たり分析	2．財務諸表を含む会計情報のより高度な分析 ①財務諸表分析 分析の視点と方法，収益性の分析，生産性の分析，安全性の分析，不確実性の分析，成長性の分析 ②企業価値分析 企業価値評価のフレームワーク，割引キャッシュ・フロー法による企業価値評価，資本コストの概念，エコノミック・プロフィット法による企業価値評価，乗数アプローチによる企業評価

＊上位級は下位級の知識を前提としています。

２．実施方法

	３　級	２　級	１　級
施行形式	年２回の公開試験 10月と３月に実施		年１回の公開試験 ３月に実施
受験資格	学歴・年齢・性別・国籍に制限はありません。		
問題形式	マークシート方式		マークシート方式と論述式
試験時間	２時間		２時間30分
合格基準	100点満点とし，70点以上をもって合格とします。		マークシート方式と論述式各100点，合計200点満点（論述式の得点が50点以上，かつ全体で140点以上）
受験料 （税込み）	4,950円	7,480円	11,550円

級別概要・実施方法は本書出版時のものです。受験料にかかる消費税は，試験施行日の税率が適用されます。

試験に関する最新の情報は，ビジネス会計検定試験のホームページをご確認ください。
URL＝https://www.b-accounting.jp

3．過去の出題分野と合格率

分野	第23回	第24回	第25回	第26回	第27回	第28回
【第1章】「財務諸表とは」	2	2	2	2	2	2
【第2章】貸借対照表	8	8	8	9	6	7
【第3章】損益計算書	8	8	5	5	6	8
【第4章】キャッシュ・フロー計算書	5	5	5	4	5	3
【第5章】財務諸表分析	2	2	1	2	2	2
個別問題合計	25	25	21	22	21	22
総合問題（小問数）	2(25)	2(25)	2(29)	2(28)	2(29)	2(28)
問題数合計	50	50	50	50	50	50
合格率（%）	61.8	62.4	59.2	62.5	70.5	67.7

※問題数合計は，個別問題と総合問題内の小問を合計したもの。

※受験者数，他の級の合格率などは，ビジネス会計検定試験ホームページをご覧
ください。

URL＝https://www.b-accounting.jp

ビジネス会計検定試験 検定委員会

(氏名五十音順・2021 年 4 月現在)

〈委 員 長〉 　梶浦　昭友　（関西学院大学）

〈委　　　員〉 　会田　一雄　（慶應義塾大学）

　　　　　　　 　青　　克美　（株式会社東京証券取引所）

　　　　　　　 　伊藤　邦雄　（一橋大学）

　　　　　　　 　岩下　哲郎　（日立造船株式会社）

　　　　　　　 　片桐　真吾　（株式会社ユニオン）

　　　　　　　 　近藤　博宣　（大阪商工会議所）

　　　　　　　 　柴　　健次　（関西大学）

　　　　　　　 　杉田　宗久　（近畿税理士会）

　　　　　　　 　杉野　　哲　（大阪ガス株式会社）

　　　　　　　 　徳賀　芳弘　（京都先端科学大学）

　　　　　　　 　永井　琢也　（コクヨ株式会社）

　　　　　　　 　八田　進二　（青山学院大学）

　　　　　　　 　藤沼　亜起　（日本公認会計士協会）

　　　　　　　 　松本　敏史　（早稲田大学）

　　　　　　　 　弥永　真生　（筑波大学）

　　　　　　　 　横手　大輔　（大和ハウス工業株式会社）

〈顧　　　問〉 　松尾　聿正　（関西大学）

監 修 梶浦 昭友（関西学院大学）

【編 者】

大阪商工会議所

1878年設立。商工会議所法に基づいて設立された地域総合経済
団体。約3万の会員を擁し，大阪のみならず関西地域全体の発
展を図る公共性の高い事業に取り組んでいる。企業の人材育成
に資するため，各種検定試験を実施している。

URL = http://www.osaka.cci.or.jp/

ビジネス会計検定試験®公式過去問題集3級〔第5版〕

2009年12月25日	第1版第1刷発行			
2012年2月10日	第1版第22刷発行			
2012年8月20日	第2版第1刷発行			
2015年2月20日	第2版第21刷発行			
2015年7月1日	第3版第1刷発行			
2019年1月25日	第3版第56刷発行	編　者	大阪商工会議所
2019年4月1日	第4版第1刷発行	発行者	山　本　　　継
2021年5月10日	第4版第49刷発行	発行所	㈱中央経済社
2021年9月20日	第5版第1刷発行	発売元	㈱中央経済グループ
2021年12月25日	第5版第6刷発行		パブリッシング

〒101-0051　東京都千代田区神田神保町1-31-2
電　話　03（3293）3371（編集代表）
　　　　03（3293）3381（営業代表）
https://www.chuokeizai.co.jp
製　版／三英グラフィック・アーツ㈱
印　刷／三英印刷㈱
製　本／㈲井上製本所

© 大阪商工会議所，2021
Printed in Japan

※頁の「欠落」や「順序違い」などがありましたらお取り替えいたしますので
　発売元までご送付ください。（送料小社負担）
ISBN978-4-502-39931-2　C2034
JCOPY〈出版者著作権管理機構委託出版物〉本書を無断で複写複製（コピー）する
ことは，著作権法上の例外を除き，禁じられています。本書をコピーされる場合は
事前に出版者著作権管理機構（JCOPY）の許諾を受けてください。
JCOPY〈https://www.jcopy.or.jp　eメール：info@jcopy.or.jp〉